JN093112

松浦弥太郎の「いつも」

安心をつくる55の習慣

松浦弥太郎

CCCメディアハウス

はじめに

さて。しあわせとは何でしょうか？

どうですか？　みなさん、しあわせを言葉にするって、とてもむつかしいですよね。

もちろん、しあわせになりたいと思うけれども、それはなんだか、頭にすりこまれた理想の言葉のようで、心からそう思っているかというと、それより先に必要なことがたくさんあるし、しあわせとは、少なからず僕らにとって最大級ではないとも思うのです。

では、僕らが求めるしあわせに代わる言葉ってなんだろう。自分が心から望むものはなんだろう。自分がどうなればうれしいのだろう。どんな日々であれば心が落ち着くのだろう。さてさて。

そんなことを考えて、ふわりと頭に浮かんでくるのは、気が楽になるというのはちょっといいなあということです。

すごく良くはないけれど、すごく悪くもないという、真ん中のバランス。または安らぎとか安心。穏やかというのもいいかもしれない。


ここでもう一度確認したい。

僕らが人生を使って追い求めているのは、決して、成功とか勝負で勝つとか、成果が出るとか、他人から認められるとかではないんです。

そろそろ、その無限ループから抜け出しましょう。ここから抜け出さない限り、つかめるものもつかめないと思うのです。


毎日、気が重くないですか？　気が落ち着かない感じではないですか？　いらいらしたり、ざわざわしたりしませんか？

こんな気分がなくなって、何もかも安心できたらどんなにいいだろう、と思うのです。

そう、僕らに必要なのはしあわせではなくて安心なんです。

ということで、どんな時代であっても、安心という状態を、人や社会に頼らずに、自分で生み出し、自分でつくっていく。そのためにはどうしたらよいのか。

この本は、そんな気持ちから生まれた一冊です。

安心とは、日々、喜びを見つけ、どんなことにも感謝をすること。夜になればぐっすりと眠れて、明日もきっと大丈夫と思える気分のことです。

そんな安心を支えるのは、ささやかな「いつも」という習慣ではないかな、と思います。

自分がどんなふうに生きるのか、ということかもしれません。すなわち、自分はどのような「いつも」を大切にしているか。日々の喜びを見つけるために、自分はどのような「いつも」という習慣を身につけているか。

この本では、そのことをみなさんと一緒に考えたり分かち合えたらと思います。

きっとあなたは、すでに自分の「いつも」を持っている。

自分にとっては、これが正しいというような基準や、こうすればいいという考え、または信じていることなどです。

どうかそれを大切にしながら、この本で僕が書いていく、僕の「いつも」と照らし合わせて、自分の「いつも」を考えながら、ちょっといいなと思うことがあったらぜひ取り入れてみてください。

そう、自分の「いつも」をたしかめてみて、未来の自分を助けるもっといい「いつも」にしましょう。

「いつも」はちからであり、あなた自身の生き方です。

しあわせという言葉を求めずに、自分らしい「いつも」で、気楽という、心から安心な日々をつくっていきましょう。

松浦弥太郎

きほんの「いつも」⑩

第1章
しあわせになる「いつも」

第2章
人づきあいの「いつも」

第3章
愛する「いつも」

第4章
豊かになる「いつも」

第5章
暮らしの「いつも」

第6章
健やかな「いつも」

第7章
安心の「いつも」

第8章
学びの「いつも」

第9章
仕事の「いつも」

第10章
成長の「いつも」

第11章
明日のための「いつも」

きほんの「いつも」⑩

質問0
弥太郎さん、暮らしが自分の思うようにいきません。行き詰まってしまっています。どうしたらいいでしょうか？

答え
大丈夫。意識的に心の習慣をつくりましょう。ひとつからでも良いのです。小さく始めてみましょう。きっと変わっていきますよ。

ここでお話しするのは、僕の「いつも」という習慣です。全部で一〇あります。僕はこの「いつも」をお守りのように大切にしています。

一つひとつは、とてもシンプルなことです。だけど「いつも」となると、ちょっとの工夫とがんばりが必要です。

もしあなたが、不安になったり、困ったりした時は、このきほんの「いつも」に立ち返ってみてください。

あ、そうかと、新たに気づくことがあるかもしれません。

そして、あなたらしい「いつも」は、あなたのお守りにもなります。
それで得られるあなたの安心は、あなたのまわりにも安心を与えていくでしょう。
それってすごいことです。

①「楽しむ」 どんなことでもいつもわくわく。

どんなことでも楽しもうと思うこと。それがもっとも効果的な、不安をなくす方法です。

まず理解していただきたいのが、楽しむとは、誰かから与えられるものではなく、他人に求めるものでもないということ。

「つまらない。めんどうくさい」「意味がない。関係ない」と思ってしまうのはよくわかります。日々というのはそんなことだらけです。

けれども、それを避けたり、適当に向き合ったりしていたら、日々がとても残念なものになっていきます。とにかくつまらなくなります。

「旅行に行けば楽しい」「友だちと遊べば楽しい」「欲しいものを買ったら楽しい」というのは一時的なことです。時には良いのですが、基本的に、楽しさに条件を求めないほうがいいなあと思います。楽しさはどこかから借りてくるものではなく、自分でつくるものだから。

どんなことでも楽しむとは、楽しくないことが起きても、楽しむということです。かんたんなことではありません。だからこそ、自分の物事との接し方、受け止め方を前向きに変えていきましょう。どうであっても、すべてラッキーと思えばいいのです。

「ラッキー。これは自分にとって一生に一回あるかないかの良い経験であり学びだ」ととらえれば、ドラマの主人公のように立ち向かう勇気が湧いてくるでしょう。

穴があったら入りたいくらいの恥ずかしい出来事も、「ラッキー。こんなに面白いことはない」と考えれば楽しくなります。すべて自分が楽しむためのネタにしてしまえばいいのです。

楽しむことに条件をもうけないで、どんなことでも楽しもうと決めてしまいましょう。

楽しめば楽しむほどに、それは貯金のように貯まって、必ずその楽しみを超える、出会い、発見、信頼というリターンもあるものです。

②「感謝する」

ありがとうのちからを信じる。

今の自分が存在するのは、まわりの人たちのおかげです。育ててくれた両親、仲良くしてくれる友人や信頼してくれる仕事仲間。他人であっても何かしらの関係はあるでしょう。そんなみんなへ、いつもありがとう、という感謝の気持ちをあらわすこと。

その人たちへの最大の恩返しは、自分が元気でしあわせに人生を歩んでいくことです。しっかり食べて健康でいることも、笑顔を絶やさず毎日を楽しむことも、仕事をして誰かの役に立つことも、立派な恩返しで感謝のかたちになります。

悲しいことがあった時、どうしようもなく苦しくなった時、理不尽な裏切りにあった時も、感謝です。自分のすることすべてが否定されるような出来事が、人生にはたびたび起こります。しかし、それですら学びととらえれば、その後の自分の成長を思い、感謝して受け入れることができます。

若い頃は、何かがあるたびに動揺したり、落ち込んだりしていました。不満はいつまでもそのまま不満として残ります。心はそのことにかかりきりになり、まわりを見る余裕がなくなり、いつまでたってもその落ち込みから抜け出せません。不満に自分自身が飲み込まれてしまい、心が確実に弱ります。
そんなことになるくらいなら、「さあ、次！」と忘れてしまって、前に進めばいい。

けれども、かんたんに忘れることができないのも事実です。僕はそうやって悶え苦しんでいた時にふと「この経験は必ず自分のこれからの人生に活かせること。だから感謝しよう」と思ったことがありました。すると、重かった心がふと軽くなったのです。そう考えるだけで、一歩前進。少しずつ事態が動き始めました。

それからは、つらくなったり苦しくなると感謝するようになりました。「この経験はきっと役に立つ」と思うと、不安や恐怖は消えていきます。怒りもすぐに治まります。ひどい失敗をして謝罪に行く時も「これも経験だ」

と感謝すれば乗り越えることができます。

感謝の気持ちがあれば、どんなに大変な時でも気持ちは穏やかでいられます。絶体絶命というくらいのピンチであっても、それが終わったあとの景色を思い浮かべることができるのです。自分は必ずこれを乗り越えられる、と信じることができます。

いつも感謝する。全肯定で、どんな物事もすべて受け止める。力を振り絞らなくてもそうするだけで、自然とぐんぐん前に進めます。

最悪の事態は、結果として最高に変わっています。

うれしいことにも悲しいことにも感謝します。

③「整える」

メンテナンスを忘れない。

自分のからだと心のコンディションを整えることが人間の一番の仕事です。自分で自分のメンテナンスをして良い状態を保てば、毎日気持ちよく活動できます。もっと楽しみたい時、もっとがんばりたい時も、からだと心が整っていれば、存分に力を発揮することができます。

大切にしたいのは、食事と睡眠、そして運動です。
何をどれくらい食べれば調子がいいのか。
朝はスッキリと目覚めて夜はスムーズに眠りに入るには、どうすればいいのか。
どんな運動をすれば、よりからだが快適になるのか。

必要な睡眠時間や最適な食事は、同じ年齢、同じ身長や体重であっても人によって違います。自分がどうすれば整うのかは自分にしかわかりませんから、いろいろなやり方を試しながら、もっとも心地よいリズムをつくりましょう。

だるい。気持ち悪い。よく眠れない。そんな小さな不調もメンテナンス不足が原因です。

イライラする。落ち込む。やる気が起きない。そんな時も自分でからだと心を整えます。ゆっくりお風呂に入るのか、からだを動かすのか、それとも文章を書くことで感情を整えるのか。誰かが機嫌をとってくれるわけではありませんから、自分なりの整え方を身につけるようにします。

軽い運動と散歩。早寝早起き。食事の時間、食事の量を決めること。

これが僕の整え方です。

体重や睡眠を管理するアプリもありますが、自分のメンテナンス責任者は自分です。不調がひどくならないうちに手当てしましょう。

自分のからだと心をていねいに扱って整えることを習慣にします。

第一の仕事は健康管理なのです。

④「自分の目でたしかめる」

後悔しないために。

自分の五感、目や耳、頭と心でたしかめることを忘れてはいけません。誰かが見たものは、自分が見たものではありません。誰かが聞いたことや誰かが考えたこと、感じたことは、自分で聞いたこと、考えたこと、感じたことでもないのです。今はその境目がとてもあいまいになっています。

これまでの失敗は、自分の目でたしかめずに行ったことが多いのです。聞いた話、読んだ話、たぶんこうだろうなあと思ったことなどで行動してしまったことが失敗の原因でした。

ネットショッピングでもたまに失敗しますね。届いてみたら、自分がイメージしていたものと違うというように。しっかり見てさわってたしかめれば、そうはならなかったはずだし、まあ、いいやと思う程度であっても、結局、お金の無駄使いになってしまっているのです。

誰かの情報を通じて知った二次情報より、自分の目で見てたしかめた一次情報が大事です。たとえ「めんどうくさい」と思ったとしても、それが自分にとっての貴重な経験であり発見になります。

テクノロジーの進化によって、手間がかからなくなったのはいいことですが、便利さの犠牲になっている面がたくさんあります。私たちの経験値が下がっているのがその最たるもの。便利を手に入れることで、私たちは体験の機会を自ら放棄してしまっています。

自分でたしかめたかい？　いつも自問するのが大切ですね。

⑤「急がない」

待つことの大切さ。

待たない時代になりました。あらゆることがスピード化して、どんどん効率が上がって、何かを待ったり、何かに手こずったりすることが格段に減り、世の中は、速さにとても価値を置くようになっています。

新幹線の東京―大阪間の所要時間は、この半世紀で四時間から二時間半に短縮しました。キャッシュレス決済は、処理スピードを誇り、ウェブサイトで表示スピードが遅いことは致命的な欠陥のように言われます。

あらゆるものがスピード化している時代は、どんなことでも比べて判断しようとします。どちらが速いのか。どちらの効率がいいのか。どちらが得か。

その流れに乗ってしまうと、どんなことでも急ぐようになって、自分までもスピード化しようとしてしまいます。人間は、機械のように速さを競う必要はないのに、時間を追い越すように「もっと速く」と自分で自分を追い詰めてしまっては本末転倒です。

日々の暮らしでも仕事でも、余裕があることで保たれているものがあります。

たとえば、仕事のアウトプットの質もそうです。急ぐことで質が落ちて信用を失うことがあるかもしれません。決断を急いだために間違うこともあります。

予定を詰め込んで、それをこなすことが優れているのではありません。計画は、慌てたくないから立てるのです。

どんな物事にも必要な時間があります。その時間をよく理解し、ゆとりを保ちながら自分が心地よいと感じるペースで物事を進めましょう。私たちは機械ではありませんし、機械のようになる必要もないのです。

ゆっくりと生きる。急がない。速いことはいいことばかりではないのです。急がないことで得られるものもあります。そのことに気づくかどうか。それが未来への分岐点になります。

⑥「目的を知る」

どんな人になりたいのか。

「大きくなったら何になりたい？」

大人は子どもに向かって繰り返しそう尋ねます。何になりたいのか。何を手にしたいのか。どんなことを成し遂げたいのか。

子どもたちは口々に答えます。

「医者になりたい」「社長になりたい」「大きな家に住みたい」「有名になりたい」。それを「夢」と呼びます。

僕は「何になりたい？」という問いかけは、実はとても残酷ではないかと思っています。何かになることが正しいとされているからです。

子どもたちは、繰り返し「何になりたいか」と質問されるうちに「何者かにならなくては認められない」と思い込むようになっていきます。何者かになるためには、ずば抜けた才能や運に恵まれることが必要ですが、残念ながら多くの人間は、そこまで傑出した才能を持ち合わせていません。

ところが何者かになろうとしていると、「自分はもっと輝けるはずだ」という思い込みで自分を縛ってしまいます。「自分は何に向いているのか」と自分探しを続けてしまうこともあります。

もちろん夢をかなえる人もいます。しかし「何かになる」ことは人生のゴールではありません。そこから先も人生は続きます。

ですので僕は「何になりたいか」より「どんな人になりたいか」を考えたほうがいいと思っています。

自分は何のために生きているのか。人生の目的は何なのか。そのためには、何を学ぶべきか。何を知るべきか。どんな経験をすべきなのか。

そのほうが人生は豊かになるのではないでしょうか。

僕がいつも思っているのは「人から信頼される人間でいよう」ということ。

目的はシンプルでいいのです。

「困っている人を助けたい」「いつも笑顔でいる」「楽しく生きる」とか。

変化してもいい。その目的が人生の道しるべになります。生き方に迷った時は、この目的に立ち返ればいい。

たとえば「困っている人を助けたい」という目的が、医師を目指す道のりにつながることはあります。でもそれは結果としてです。

僕はこれまで肩書きや職業にとらわれない生き方をしてきました。それは「何になりたいか」ではなく人生の目的を考えてきたから。どんな仕事に就こうともどんな状況になろうとも、僕自身の目的は変わりません。

これは僕の社会に対するささやかな抵抗でもあります。「何者かにならなくてもしあわせに生きている」と伝えたい。僕には、何者かになるための道を進まなかったことで得た自由があります。

僕はこれからも、自分の人生をかけてどんな人間になりたいかを考え続けます。

⑦「向き合う」

弱い自分を知ること。

僕は自分の欲望と向き合うことは、人間の永遠のテーマだと思っています。人間は欲望に負けると、道を見失ったり、過ちを犯したり、失敗したりします。「この人が？」という事件を耳にすることがあるでしょう。どんな人も欲望に勝てない瞬間があるのです。それを知っておけば、欲望との向き合い方がわかります。コントロールが効くようになるのです。

コップに入れた水を飲む時、喉が渇いていればいるほど一気に飲みたくなります。ゴクリ、ゴクリと飲むのは気持ちがいい。だけど喉の渇きはそれほど癒やされません。喉を通るのが一瞬だからです。ゆっくり飲んだほうがからだにもいいし、喉の渇きもやわらぐのです。続けてもう一杯欲しくなります。

つまり欲望をどうコントロールするか。欲望に従って一気に飲むと、さらにもう一杯欲しくなる。

欲望を抑えてゆっくり飲めば、一杯で十分に満足する。

欲望に負けそうになると、これを思い出して、自分は今、どちらに転ぼうとしているのかと考えるようにしています。

人生を破滅に追い込むのは、ほんの一瞬の自制心の足りなさなのです。

⑧「いつも新しく」

頭を低くして素直でいよう。

いつも「今日が初めての日」という気持ちで迎えましょう。「初めて」のことには、緊張します。謙虚な気持ちで向き合えるのです。初心者として物事に向き合うと学びが深くなります。

すでに自分がしっかりと身につけていることでも、初心者の気持ちで取り組むと、自分がこれまで見落としていた基本に気がつくこともあるのです。

いかに自分が毎日新しくいられるか。いつも新しくあるというのは、歳をとるにつれ大事になります。歳をとると、自分は正しい、誰よりもたくさんのことを知っている、と思いがちだからです。しかし、スマートフォンの扱い方なら若い人のほうが詳しいですし、海外アーティストのことも若い人のほうが詳しいことが多いでしょう。

頭を下げて「教えてください」と言うべきなのは、案外、年長者のほうなのです。

九一歳の知人は、僕より何十倍も物知りのはずですが、会うといつも頭を下げて「教えてください」と言います。そして一生懸命、話を聞いてくれるのです。だからうれしくなっていろいろなことを話したくなります。

もしかすると僕は、その方がよく知っていることを話しているかもしれません。だけどそんなことはおくびにも出さず、初めて知るかのように聞いてくれます。そうやっていつも自分をアップデートするのです。だからその方はいつも新しい。

どんなに慣れていることでも、日常的なことでも、人間関係についても、いつも新しい気持ちで向き合います。

年下の友人がしばらく会わないうちに多くの経験を積んでいることに気がつかず、横柄な態度を取ってしまうのは、年長者に多い失敗です。

いつも初めての気持ちでいると、いつも新しい自分でいられます。それが新たな発見や気づきにつながります。仕事も人間関係もいつも新しく。それがこれからずっと成長し続けるコツです。

⑨「深呼吸」

力を抜く最良の健康法。

一番、自分らしくいられるのはリラックスしている時です。自分らしくいられると、自分の力を発揮できます。自分らしいアイデアが湧いてきます。

いつも深呼吸。

リラックスするためにもっともかんたんで有効な方法は、深呼吸することです。

ストレスがたまっている時、呼吸はとても浅くなっています。だから息苦しい。

緊張している時は深呼吸。悲しくなった時も疲れている時も興奮した時も深呼吸。うれしくて舞い上がったら、少し時間を置いて深呼吸。そうすることで、いつもの自分を取り戻します。

いつも笑顔でいるためにも深呼吸は役に立ちます。

僕は一日に三度、ていねいに深呼吸をします。仕事の始まり、仕事の途中、仕事が終わった時。一度に深呼吸を一〇回。ゆっくり息を吸って、吐く。吐く時にからだから力が抜けていくのがわかります。心拍数が落ちてハラハラ、ドキドキも治まります。いつでもどこでもできますから、おすすめです。

⑩「〈好き〉をもっと好きになる」

「好き」を道しるべにしよう。


「好き」は自分を守ってくれる、とても大切にしたいものです。

それが人生のコンセプトになります。

「好き」が道をつくってくれるのです。

「好き」が、学びにつながったり、新しい発見につながったりします。だから「好き」をもっと考えたり、調べたりしてみましょう。「好き」を好きでいると、とても楽しくて満たされますが、もっと好きになることで、学びが深まります。


「好き」は、「なりたい」や「欲しい」とは違います。今ここにないものを求めるのではなく、ずっと近くで人生に寄り添うものです。


「好き」がわからないという人もいます。

好きなこと、好きだと思う何か。何でもいいのです。

映画でもいいし、食べものでもいいし、昼寝が好きでも、雨が好きでもいい。

誰かに笑われないかと心配する必要はありません。そんなことに意味があるの？　と自分に問いかける必要もありません。「好き」は誰にも話さず自分だけの秘密にしておいてもいいからです。

子どもの頃、夢中になったのはどんなことでしたか。そこから自分の「好き」の始まりが見えます。

幼い頃、誰かに笑われたり、親から止められたりして「好き」を見失うようなことがあったのかもしれません。恥ずかしいこと、人には言えないようなことでもいいのです。もう一度、「好き」を思い出して、正直に「好き」を好きと言ってみましょう。

ある友人は、子どもの頃から風の音を聞くのがすごく好きだったそうです。台風の時はテレビ局の中継で、各地の台風の様子をレポートする映像に聞き入っていたといいます。そんな彼女が今、働いているのは風力発電を手がける会社です。就職活動の時にたまたまその会社のことを知り、自分は風が好きだったことを思い出してアプローチしたそうです。

「好き」をもっと好きになることは、自分を見つけるということでもあります。

バラが好きで各地の植物園を訪れては写真を撮っていたある女性は、もっときれいに撮りたいと思っているうちに腕を上げ、個展を開くほどになりました。

今では、バラだけでなくいろいろな花を撮るようになり、写真家としていくばくかの収入を得ています。

「好き」をもっと好きになることが、職業に結びつくと言いたいのではありません。いつも「好き」を好きでいると、「好き」はあなたにギフトをくれます。そんなやり取りも、しあわせのひとつだと思うのです。

第1章

しあわせになる「いつも」

質問1
弥太郎さん、しあわせとは一体なんでしょう？

答え
しあわせとは、すべてのことに感謝ができるということです。

人々は太古の時代から集団生活を続けてきました。人はひとりで生きるよりも、集団で生きることで豊かさを学んできたのです。仕事を分業し、食べものを分かち合い、言葉を使って交流し、貨幣を使うことで、暮らしを築いてきました。

ここで紹介する「いつも」は、人々がお互いを信頼し、気持ちよく交流するための知恵のようなもの。誰とでも仲良くし、争いを減らすこと。お互いの成長を支え、困った時は助け合うこと。すべてに対して感謝をすること。そんな人々の暮らしの土台となる「いつも」です。

素直

自分を保ちながら、どんなことでも受け入れる。

何かを成し遂げた人間に共通する点をひとつ挙げるとしたら、それは限りなく素直であることではないでしょうか。

「素直さは千人抜き」という言葉があります。素直な人は、人からも好かれ、謙虚に学び、どんなことでも吸収することができるから、それだけで千人くらい軽く追い越すという意味です。

素直さは学びにつながります。素直な人は何事にも柔軟ですから、自分の経験や考えに固執しません。答えはひとつではない、とわかっているから、「もっといいアイデアがあるだろう」「もっといいやり方があるかもしれない」と模索して、あらゆることを受け入れながらどんどん進化します。

素直であれば、人と深くつながることもできます。いつも心を開いているからです。

「最近、おもしろい本がありましたか？」と聞かれて、本のタイトルを伝えると、その場でスマートフォンを取り出して購入する人には、また教えたいと思います。

「ここのレストランがおいしかったですよ」と言うと、次に会った時には「行ってきました。おいしかったです」と報告だけでなく感想を伝えてくれる人にもそうです。

アドバイスを聞くとすぐにメモをして、「ありがとうございます」「やってみます」と反応する人には、誰もがサポートしたくなります。素直な人のもとには周囲の人の力も集まりやすいのです。だからこそ、千人でも二千人でも追い越すことができます。

素直さの鍵になるのは、自分との向き合い方です。プライドや経験に足を引っ張られてしまうと、何か言われてもすぐに「そうなんですか？」「いえ、私はこう思いますけど……」と悪気なく反応します。何事も一度は受け止めて、自分の考えや意識よりそちらが正しいのではないかと信じてみることが必要なのです。

ところが自分にとらわれすぎていると、それができません。「どんな意見か」より、「誰の意見か」が気になってしまい、つい「私は」「私は」と主張してしまうのです。

マウンティングもひとつの自己主張のあらわれで、自分を優位に見せたいから、素直に「すごいね」「いいなあ」「ありがとう」と言えないのでしょう。


歳をとっても素直な人に共通しているのは、謙虚だということ。どんなに年齢や立場が上であっても、あるいはどんなに財産があったとしても、人より自分が長けているとは思っていません。

今の自分があるのは自分の力だけではなく、助けてくれた人や、支えてくれた人、信頼して任せてくれた人がいたからだとわかっているのです。環境に恵まれたり、運や巡り合わせがよかったりしたからなど、自分以外の力があったからだと考えています。

だから、自分にはこれからももっと学ぶべきことがたくさんあると思えるのです。その結果として素直な人になっています。


だけど、ひとつだけ注意してほしいことがあります。素直さは、時に人を苦しめることがあるのです。素直であることが自分をなくすことだと勘違いしてしまうと、素直さゆえに苦しむことになります。

素直な人には、まわりの人がいろいろなかたちで関わってくれますが、そこでうれしくなってますます素直に受け入れていると、相手との距離がどんどん近くなります。脇が甘くなってくるのです。

素直な人を前にすると、自分の手の中に入れようとする人が必ずいます。最初はほめたり、いろいろなことを教えてくれたりして、どんどん近づいてくるのです。

ありがたいアドバイスは受け入れても、自分を捨てないことです。距離感を保って、自分の場所に立っていることがとても大事です。

笑顔　この世でいちばん美しいもの。

いつも笑顔でいれば、一日一日必ず前進します。僕は毎日そう思っています。

自分自身の存在を認めてもらおうと一生懸命になっていた二〇代の頃は、毎日社会に対してプレゼンテーションをしているような日々でした。

僕自身、特別なスキルもないまま社会に出たので、どんなことをしたら人から認めてもらえるのかといつも考えていました。

社会に出たばかりの若者にとって、自分が思うようになることはほとんどありません。何でもできるようで、何もできないのです。

自分のアイデアをもとにビジネスを始めたいと思っていましたが、知識も経験も圧倒的に不足していましたから、「あなたにはどんな能力があるのですか？」と聞かれても答えられません。言えるとしたら「がんばります」のひと言です。自分の力を証明できるものがなく、きっかけすらつかめないのです。

そんな何も持っていなかった時代に、僕のことを一番後押ししてくれたのが、笑顔でした。それが僕の原点です。

誰かに会う時は、「こんにちは」と笑顔であいさつし、わからないことを聞く時は「教えてください」と笑顔で質問しました。どんなことでも人と関わる時は笑顔を絶やさないようにしました。笑顔のもとは、あなたと関われてうれしいという感謝です。

そうやって人との距離が縮まることで、少しずつ関係性が生まれ、必要な知識が増え、様々な経験を積んでいきました。あの何も持っていなかった時代に仕事を軌道に乗せることができたのは、笑顔のちからのおかげだったと思っています。だからこそ今でも僕は笑顔をとても大事にしています。初心忘れるべからずです。

とはいえ、いつも笑顔でいることは、かんたんなことではありません。困難なことが起きると深刻な表情になりますし、悲しいことが起きれば呆然とします。

けれども、暗く落ち込んだ顔をしながら日々過ごすと、その状態からますます抜け出せなくなります。誰だってそんな人の近くにいたくはないから、どんどん人も離れていくでしょう。

仕事がうまくいかないと悩んでいる人がいたら、僕は「笑顔は足りていますか？」と聞きます。その状況を変えるもっともかんたんな方法が笑顔なのです。

聞いた話ですが、スタジオジブリのプロデューサー、鈴木敏夫さんは、メールに書く文章のすべての文末に（笑）がついているそうです。とてもいいアイデアだと思いました。

仕事相手から届いたメールを読む時は少なからず緊張します。どんなことが書いてあるかがわからないから、不安になるのです。鈴木さんのような年長者から届くメールは特にそうかもしれません。

そんなストレスを（笑）は、軽く吹き飛ばしてくれます。文字だけのやり取りでもこれなら相手に確実に伝わります。（笑）を見ただけで、鈴木さんの笑顔を思い出して救われた人がたくさんいるのではないでしょうか。

僕自身もこれまでずいぶんと他人の笑顔に救われてきました。困っている時も、緊張している時も、大失敗した時も、誰かが笑顔を見せてくれるだけで安心して、ふっと気持ちが和らぐのです。笑顔ほどありがたいものはありません。

笑顔は、人の心を動かします。笑顔でコミュニケーションを取ると、名前を覚えてもらえたり、自分に興味を持って話を聞いてもらえたりするのです。

誰かとの関係性を深めるには、まず笑顔を大切にしましょう。笑顔は喜びも楽しみも感謝も伝えます。特別な技術は必要なく、どんなことにも効果があります。

笑顔は自分自身をも力づける、人生の万能薬です。

あいさつ　かんたんなようでむつかしい。

あいさつは人生を歩んでいくうえで、何百倍何千倍ものいいことを起こします。あいさつはいいことの入り口になるのです。

たとえば、朝、近所の人とすれ違った時に「おはようございます」と会釈することで、「私はあなたの存在を認めています」と伝えることができます。相手にとってそれはとても心地いいものです。同時に「私は怪しい人間ではありません」ということも伝わります。

あいさつは誰に対しても、とてもポジティブなメッセージになり、同時に自分自身を守ってくれる鎧(よろい)にもなるのです。

エレベーターに乗る時も、先に乗っている人に「こんにちは」「失礼します」とあいさつするだけで、相手の緊張がほぐれます。相手の存在を尊重していることが伝わるからです。

ですが、意外なことにいつもきちんとあいさつできる人は少ないように思います。

職場でパソコンに向かったまま「おはようございます」と言ってしまうことはないでしょうか。そのあいさつでは、相手は自分自身が雑に扱われていると感じるでしょう。

だからといって、立ち上がって大声で言えばいいということでもありません。形だけを装っても何も伝わらないのです。あいさつはかんたんそうでむつかしいのです。

毎日、同じ時間、同じ相手にあいさつをするとしても、状況を察して、心配りが必要です。相手は今日、元気いっぱいなのか、疲れているのか。気分はどうなのか。それによって声のトーンや表情を変えます。タイミングも大事です。その心配りによってあいさつが生きます。信頼度が高まるのです。

僕が知る限り、すてきな人たちは、とにかくあいさつがしっかりできる人たちです。「そんなことで？」と驚く人もいますが、相手の目を見て、ていねいにあいさつをするだけで相手に好印象を与えるからです。

だけど、どんな時にもあいさつが大事ということではありません。たとえば、大勢の人が集まる会合では、全員にあいさつをして回る必要はないでしょう。それではあいさつそのものが目的になってしまい、交流を深めることができません。

大事なのは、日常のあいさつです。

「おはようございます」「おつかれさま」「いってらっしゃい」「お先に失礼

します」「いただきます」「ごちそうさま」「ありがとうございます」
あいさつが上手だと、まわりの人から認められ、社会からも信頼されるようになります。
家族や職場の人、友人、よく会う人々に、どれくらい心地よくきちんとあいさつをするか。

気をつけたいのが、あいさつは、できるだけ相手より先にするということです。職場では、若い人が先にあいさつすることが多く、年齢を重ねていくにつれ、気遣ってくれる人が増えて遅れてあいさつを返すようになります。

僕自身は、人より先にあいさつをしようと心がけています。どんなに年下の人であっても、「あなたのことを認めています」「あなたのことを必要としています」と伝えたいからです。

そうするようになったのには理由があります。
若い頃から今にいたるまで、尊敬できる大人たちは、どなたも必ず僕より先にあいさつをしてくれました。とてもさりげなく。そのたびに自分が認められているうれしさとともに、その方たちの人柄の良さを感じるのです。

おそらく彼らはこれまでずっと、いつも自分からあいさつをしてきたのでしょう。歳をとってもその習慣を変えていない。だからあいさつ上手で、相手に余計なプレッシャーを与えたりはしないのです。

僕は、あいさつにはその人のすべてが現れると思っています。

もしも人に認められたかったら、年齢も立場も関係なく自分からあいさつすることを心がけてはどうでしょうか。それが「あなたを認めています」というメッセージになります。自分が認められたければ、まずは相手を認めることです。

おもしろがる

評論家にならない。

心配事が増えていませんか。

将来のこと、仕事のこと、健康のこと、家族のこと、お金のこと、環境のこと、政治のこと。ニュースを見ていると「このままで大丈夫なのか」と心配になることだらけです。

何かが起こるたびに、誰かが何かを分析して批評します。それを見たり聞いたりするうちに、いつの間にか、自分もにわか評論家になってしまうことがあります。

何かを思い切りおもしろがったり、無邪気に楽しんだりせず、あれはダメ、これにはこういうことが足りない、と、とにかく批判や分析ばかり。これでは疲れますよね。

映画を見ても台本が不自然だとか、演出が物足りないとか、あらばかり目につきます。イベントに参加しても素直には楽しめない。物事のネガティブなところを指摘することが習慣になってしまう。心配事は増える一方で、何もかもがストレスになります。

にわか評論家に足りないのは、ユーモアです。心をもっとやわらかくしましょう。

分析なんかしなくていいし、意味を考える必要もなく、ただ思い切り楽しんだりおもしろがればいい。漫画を読んで「あはは」と声を出して笑うだけでも力が抜けます。

古いタイプの僕は、新聞を二紙、週刊誌を三誌、購読しています。世の中で何が起きているかを知っておきたいからです。ニュースは、世の中で起きている一番新しいこと。そうとらえると、新しさには必ず発見があり、おもしろいがあります。

僕たちは評論家ではないので、一つひとつに同意したり反論したりしなくていい。世の中で起きていることを、ユニークな人間劇としてとらえると見え方が違ってきます。非難したり軽んじたり、あるいは悲観したりせず、とにかくおもしろがること。そうそう、おもしろいは知識にも変わります。

分析したり考えることは時に必要ですが、人生の役に立つのは、どんな時でもおもしろがったり楽しんだりする心持ちです。

おもしろがるとは興味を持つことでもあります。それが日々の暮らしや仕事に知恵を与えるのです。

助け合う

世界はあなたを見捨てない。

僕は、この世界は人々だけではなく、自然も含めたすべての助け合いで成り立っていると思っています。

医療が誕生し、発展してきたのは、それによって人々が助け合うことができるからです。科学や文化も同じ。電気自動車は、これからの地球に必要だと思うから開発が進んでいますし、音楽や絵画といった芸術も、人の心を喜ばせるものとして発展してきました。

昔も今も、私たちはあらゆる活動を通じて、互いが助け合うためにはどうすればいいのかを学んでいます。ある意味、人生はそのためにあると言ってもいいでしょう。

僕自身も、いつも「困っている人を助けよう」という気持ちで世の中と関わろうと思っています。

新聞を読むにしても、ネットを見るにしても、散歩をしている時も、買い物をしている時も、何か自分にできることはないかと探しているのです。ですから困っている人がいれば、すぐに助けようと思っています。

近所の人でも職場の人でも、知り合いでも見ず知らずの人でも同じです。自分の時間とお金はそのためにあると思っています。

僕自身が困った時も、いつも誰かが手を差し伸べてくれました。

僕は若い頃、様々な外国を旅していました。もはやこれまでと危機的な状況に何度も出くわしましたが、いつも間一髪で助けてくれる人がいました。

当時は、自分から助けを求められず、むしろ助けてくれる人がいるなんて想像できないほど孤独でした。それでもなぜかいつも救世主が現れるのです。『鶴の恩返し』のように、昔、助けた人が恩返しをしてくれるということではなく、まったくの他人がサッと手を差し伸べてくれたのです。

物事にきちんと向き合い、一生懸命、健全に努力しながら取り組んでいる人を、社会は絶対に見捨てないものです。僕はそう信じています。

たくさんの困難を乗り越えてきた人に、どうやって乗り越えたのかを聞くと、どなたも「偶然、助けてくれた人がいました」と言います。

もし誰も自分を助けてくれないとしたら、まだ向き合う力が弱いということです。自分によからぬ野心があったり、どこかで力を出し惜しんでいたりしているかもしれません。本当に万策尽き果てながらも、自分を信じて、あきらめずに取り組んでいるなら、放っておかれることは絶対にありません。

「そんなことは信じられません」「それはただの希望的観測ですよね」と言う人もいるかもしれませんが、僕は「助け合い」というのは、世の法則だと思っています。

困っている人がいたらまわりが必ず助けるのです。それは通りがかりの人かもしれないし、古い知り合いかもしれない。取引先かもしれないし、お客さんかもしれない。

たいていの物事はそうやって解決するようになっていると思います。もし誰ひとり助けなかった場合は、「偶然」が手を貸してくれます。「誰が」は問題ではなく、そういう目に見えないちからが働くのです。

僕は助け合うことが、社会という小さな枠ではなく、宇宙も含めたダイナミックな仕組みの中に存在していると思っています。

僕もあなたもこの助け合う仕組みの中に存在しています。ですから、どんな時でも困っている人を見かけたら助けるのです。

第2章

人づきあいの「いつも」

質問2

弥太郎さん、私は人に嫌われているかもしれません。

答え
すべての人から嫌われているわけではないですよ。

人間関係において大事にしたいのは距離感です。僕はたとえ家族であっても、相手のことは、すべてを理解するのはむつかしいという前提でコミュニケーションを取ります。

どんなに親しい相手でもわかるはずがない。人はそんなにかんたんなものではないのです。わからないからこそ、想像力を働かせて気遣うことや思いやることが必要なのです。

すべてわかろうとするとうまくいかないし、わかったつもりになると必ずギクシャクします。そもそもわからないのだから、むやみに相手に立ち入ることはできないのです。

人は、言葉や行動、時には表情や態度で愛情を伝えます。だけどそれによって相手を支配してはいけないし、コントロールしようとするのは間違っています。

人と人は、お互い適度な距離感を保っているからうまくやっていけるのです。これは、どうせわからないのだからとあきらめているのではなく、わからないからこそ相手を心から尊重し、信頼するということです。尊重と信頼は、ずっと仲良くいるための知恵のようなものですね。

親しき仲にも礼儀ありという言葉があるように、いくら親友であろうと夫婦であろうと、なんでもありにはならないのです。

人間が抱える悩みの多くは、人間関係に関わることです。思い通りにいくことはひとつもありません。そうやって人は、いつも人から学び、人との関係を通して成長します。

だから人づきあいにおける心がけという習慣は、人生を左右するくらい大事なことです。

敬う

親しみよりも尊敬が大事です。

いつもどんな相手とも敬語で話しましょう。年下の人でも、慣れた相手とでも。

僕は、相手の名前を呼ぶ時もいつも「さん」づけです。「くん」づけもしません。それはどんなに年齢が離れていても、ひとりの人としての尊敬の念を抱いているからです。

中には呼び捨てにしてくれたほうがうれしいという人もいるかもしれません。多くの人は年齢で上下関係を決めるのかもしれません。けれども僕は、立場や年齢の違いなんて気にせずに、ひとりの人としてその人とつきあいたい。どんな時でもすべての人に敬う気持ちを持って接するのが、人づきあいの基本だと思っています。

人はそれぞれ違って当たり前。良いところがあれば、そうでないところもあるのが当たり前。細かな良し悪しで人とのつきあい方を変えることはありません。不完全であるからこそ健やかであるとさえ思います。

「やさしくて何でも言うことを聞いてくれる」
「自分のことをほめてくれる」
「おもしろい情報をたくさん知っているから一緒にいて楽しい」

そんなふうに自分に何かを与えてくれる人とだけ仲良くすればいいとは思わないのです。人づきあいは本来、もっと豊かなものだから。

日本では、名前の呼び方にバリエーションがあります。たとえば、会社で上司が部下を名字で呼び捨てにすることが当たり前で、ある種、文化として根付いています。

悪気がないのはわかりますが、今やそういう関係性には疑問符が付きます。相手を敬う気持ちが足りないように感じます。

親と子のような親しい関係性を喜ぶ人もいますが、僕は社長が新入社員を呼ぶ時でも「さん」づけにしたほうがいいと思っています。

敬意はどちらか一方だけが持てばいいものではないのです。

知り合って親しくなってくると、相手の呼び方が変わることがあります。最初は「さん」で呼んでいたのが、いつの間にか「くん」になり、さらに名字を呼び捨てるようになったりと。特に本人がいない場面で名前を出す時などにありがちです。

親しさを示したいという気持ちだけではなく、相手への甘えや軽いマウンティングが入っていると感じることもあります。「何でも許し合える仲だよね」という確認であったり「私はあなたより上だよ」と示したかったり。そういうやり方は、おそらくこれからの時代は少しずつ敬遠されるようになるでしょう。

日々の暮らしでは、パートナーとお互いを名前で呼び合うことはありますが、今どき「おい」や「おまえ」には敬いが欠けているように感じます。

人づきあいの中のいろいろな問題は、そういう何気ないところから始まっています。

約束

一日にひとつ約束をしよう。

小さな約束ほど忘れないようにしています。

人づきあいの中で一番価値あることが信用です。信用とはどうやってつくるのか。それはつまり約束を果たすこと、果たし続けることです。

約束とは言葉にするものだけでなく、無言の約束もありますね。たとえば、これは他言しないでね、と言われなくても、自分の判断で他言しないのも小さな約束でしょう。相手の気持ちを慮ることで生まれる約束はたくさんあります。

約束を果たせる人は絶大な信用を得られます。普段の生活でも仕事の時でも同じです。

多くの人は小さな約束、口だけの約束を安易にしてしまいがちです。「今度、連絡します」とか「次会った時に渡します」とか。でもかんたんに忘れます。

どんなに小さなことであれ、約束した時点で、相手はその気になっています。待っても待っても果たされないとしたら、信用を失うのは当然です。逆に、約束を果たすとその人との信頼貯金が増やせます。小さな約束であれ大きな約束であれ。

ですので、できるだけたくさん約束をするといいのです。できない約束はしてはいけませんが、約束することを恐れずに、面倒と思わずに「今度ゆっくりお話ししませんか」と声をかけてみる。相手が喜んでくれたら、その場で約束します。それだけのことで、相手との関係性を一歩進めることができます。

積極的に約束しましょう。約束は自分がつくることのできる最高のチャンスです。信頼が増やせて、関係性も深めることができます。

約束を負担に感じる人もいます。約束しようとしてもなんだかんだとはぐらかす。それでは人間関係を築く気がないと思われても仕方がない。それくらい約束には価値があります。

学び合う

すてきなプレゼント交換をしよう。

人づきあいの中で長く続くのは、学び合いができるふたりの関係です。友だち同士でも、仕事の仲間でも、夫婦でもそう。

自分にはない経験をしていたり、知らないことを知っていたり、自分とはまるで違う考え方を持っていたりする相手と話をするのは、刺激があって楽しいものです。

そこに学びがあり、発見があります。

相手も同じです。自分が刺激を受けるだけではなく、自分自身も相手が興味を持つような話ができるとさらに関係性が深まりますね。

会うとお互い、必ず発見がある。知識が増える。興味が広がる。学び合うとはそういう関係です。話せてよかった、会ってよかったと思える関係です。

学び合うためには、相手の興味を知ることが必要です。どんな話をしたら、相手は喜ぶのか。今、相手はどんなことを必要としていて、何を知りたいと思っているのか。

そんなことを想像しながら、今度はこの話をしたいから、もう一度この本を読んでおこうと準備をしたり、旅の写真を整理したりするのは楽しいものです。いつも必ず何かをプレゼントしようというような考えですね。学び合うとは、お互いに与え合うことでもあります。


以前こんなことがありました。

ある人から「クラシックが好き」と聞いたので、次に会った時に「ピアニストのこの人が……」と話を持ちかけると、「ピアノはあまり聴かないですね」とあっさり言われて話が続きませんでした。彼はヴァイオリンを好んで聴いていたのです。その日は僕が知らなかったヴァイオリン奏者のことを彼から詳しく教えてもらいました。

しかし、次に会った時は「松浦さんが言っていたピアニストの曲を聴いてみました。とてもいいですね。もっと教えてください」と話しかけてくれたのです。


そういう積み重ねの中で、学びというプレゼント交換ができる関係くらいうれしいことはありません。学び合いのある関係は、利害で結ばれないずっと長く続く関係です。

許す　たった三日ですませましょう。

人間だから、どうしても相手のことを許せないと感じることもあります。だけど何があっても許す。何をされても許す。がんばって許す。そうしないと前に進めないのです。

瞬間的には許せない。だからせいぜい三日。僕は何があっても、がんばって三日で許すと決めています。忘れるではなく許す。

それ以上は時間の無駄です。許せないままでは、自分の思考が停止します。その人との関係性も止まっています。だから相手がどうであろうと、条件なしで許すのです。

仕事でも友人関係でも、許すことができなくて悩みます。どうしても根に持ってしまうのです。忘れたくても忘れられない。許せなくて眠れない。けれども、「絶対許さない」「死ぬまで許さない」と思いながら時を重ねることほどつらいことはないでしょう。

昼休みのふとした時に思い出す。夜ベッドに入ってからも嫌な気持ちがこみ上げてくる。それでは心もからだも休まらない。相手ではなく自分がつらいのです。思考停止してしまってそこから動けない。許せない感情は苦しみに変わります。

僕の心の整理の仕方はこうです。

物事にはすべて、よほどの理由があります。なぜそれが起こったのか。その人はなぜそういうことをしたのか。

それはすぐにわかることではないのです。あとで聞くと、そうだったのか、とわかることもあります。そういう気持ちだったのか、そういう事情があったのか、と。自分が成長することで、事情が理解できるようになることもあります。

その時点ではわからないのだから「そうなるには、よほどの理由があったんだな」と思うことにしています。今、僕にはわかり得ない、原因や理由があったのだろうと思えば、三日待たなくても許せます。人間は過ちを犯すことが前提だから。自分だって逆の立場になることはいくらでもあります。

自分は許しても、相手が自分を許してくれないこともあります。相手も自分が悪いとは思っていないのです。

「せっかくこちらが水に流そうとしているのに、そんな態度を取るなんて」と腹だたしく感じるかもしれませんが、喧嘩両成敗という言葉があります。

「許す」というのは、相手の態度にこだわることではありません。むしろ相手に執着しないということ。自分の中でその経験をくるくると丸めてゴミ箱にポイと捨ててしまえばいいのです。それでリセットできますから、潔く次のステージに移りましょう。

だから次に相手と会っても、自分は何ひとつ変わらぬいつも通りの態度です。もう自分にとってはどうでもいいことになっていますから。

恋人や親友と、突然関係が終わることもあります。自分が納得できなくても、相手が別れを決断したらもう終わりです。泣いてすがってももとの関係には戻らない。その時に耐えられないほどの悲しみを背負うのか、それとも三日ほど苦しんで、「はい。わかりました」と言うのか。

なぜ「わかりました」と言えるのか。それは、相手の決断には、自分が知らないよほどの理由があるはずで、もし自分もそういう状況に置かれたら裏切ることがあるかもしれないと思うからです。

これまで誰かを裏切ったことがないという人は、たまたまそういうことが起こらなかっただけです。幸いにして。

最初から、どうやって裏切ってやろうかと考えている人なんてほとんどいないのです。裏切りたくて裏切るのではなく、結果として裏切らざるを得ないことが人生にはあります。

だから裏切ったのではなく、そこに至るストーリーがあったということ。「よほどの理由」があったのです。

許さないのは三日だけ。あとはきっぱり許すことで楽になります。

ちょうどよく

近すぎず、遠からず。

僕には三〇年来の親友がいます。とても仲がよくて、互いにいろいろなことを知っている関係です。

彼とはいまだに会話には敬語を使っています。それにはまわりの人も驚くようです。しかし敬語を使うという距離感を保っているから、三〇年続いているのだと思います。お互い絶対にそこを詰めようとはしないのです。心地よいから。

先にも書きましたが、人づきあいの基本は近すぎず遠からず。どんなに仲良くなっても近づきすぎない。だけど互いの声が届く距離、相手にすぐ返事ができる距離にはいる。それが「ちょうどよく」です。

せっかく相手に返事ができる距離にいても「聞いているの？」と言われることもあります。返事ができる距離にいるのに返事をしない。仲がよくなるほど、相手に甘えてしまうものです。

相手をひとりにさせない。これは大事です。ですので、相手が何かをしたら心を働かせるようにしています。これはつきあいが長く深くなるほど大事です。

とはいえ、近づきすぎない。

人づきあいには、距離が近づく機会もあれば、遠くなるような出来事もあります。たとえば、知り合いに問題が起きた時、急に近づこうとすることがあります。だけどそれはおそらくよからぬ好奇心です。ある種の知りたい病で、本来の関係性には必要ないことをしてしまう場合がよくありますね。

ふたりの関係の理想を言えば、いつでも別れることができるけれど、絶対に別れたくないという気持ちでつきあうこと。「あなたがいなくなったら私は生きていけない」というのはお互いを苦しめます。

極端な言い方になりますが、夫婦であっても、いつでも別れられるという関係が持てたらすてきです。お互いが自立していて、依存していない。でも、別れたくないという気持ちをお互いに大切にする。当たり前ですが、いつかどちらかが先に死にますから永遠に一緒にいられるわけではないのです。

「いつでも別れられるけど、別れたくない。だから一緒にいます」というのが理想です。

若い頃は「好き好き病」にかかることもあります。感情が高まってうっかり「一生あなたと一緒にいたい」と口にすることもあるかもしれません。それはふたりにとってとてもしあわせな瞬間でしょう。

でも長くつきあっていると「それはちょっと違ったね」「盛り上がったこともあったね」と、どこかで我に返ることがふたりの関係性においてとても大事な気がします。

人づきあいにもちょうどよさが必要です。相手に立ち入らない気楽な関係とでもいいましょうか。

第3章　愛する「いつも」

質問3
弥太郎さん、人を愛さないといけないのでしょうか？

答え
あなたはきっとすでに愛している人がいるはずですよ。

「愛する」という言葉は日本人にとって、耳に心地良いのですが、なんとなくしっくりとこない言葉ではないでしょうか。僕たちは一日に何度も「I love you」と言ってコミュニケーションを取る習慣がありません。

「愛する」ことの本質を理解するのはとてもむつかしいですね。でも「愛」という言葉の大切さは知っています。

僕なりの解釈では「愛する」は「思いやる」に近いものかな。

「僕はあなたに、できる限り思いやりを持って接します」という意味としてなら、自信を持って相手に伝えることができます。

思いやるとは、寄り添うこと。何をするにしても見返りを求めず、相手の気持ちになって物事を考えるということ。そして、共に苦しむ、共に悲しむこと。この共に苦しみ、共に悲しむというのは、一見、違和感を覚えますが、よく考えてみると、思いやりをもっとも言い表しているように思います。

それでは、自分が愛する相手との日々のコミュニケーションをどんなふうにすればいいでしょうか。

互いに心地よく、時に高め合い、寄り添い、甘えたり受け止めたりする関係は、時間をかけて築いていくものですが、ただ時間をかければいいというわけではありません。

大事なのは、少しの心遣いを一日一日積み重ねていくことです。そうすることで、「愛する」とはどういうことかを学んでいくのでしょう。

生かし合う

もしかしたら自由を奪っていませんか。

生かし合うとは、お互いが自分らしくいられるように支え合うことです。自分の欲望や感情で、相手を振り回さない。自分と一緒にいることで、相手が思うことができなくなったり、不自由になったりすることがないように心がけます。それぞれの役割が固定してしまうことも避けたいですね。

相手の自由を尊重し、自分の自由も大切にします。お互いが自由だからこそ、自由に生かし合うことができるのです。それぞれの自由がぶつかる時には話し合いをしましょう。

「言ってもわからない」「自分が我慢すればいい」とあきらめることを、思いやりだと勘違いしないようにしてください。話し合うことも遠回りにいえば、愛し合うことに届くのです。

思いやりは一方的に与えるものではなく与え合うもの。時には譲ることが必要な場面もありますが、バランスが狂うと、ふたりの丸かったはずのタイヤにどんどん角ができて前に進まなくなります。それでは生かし合っているとは言えないのです。

どんな時もお互いさま。相手が自由でいられるかどうか。それを支えることが生かし合うことの基本です。

見つめる 一番優先するべきことです。

見つめることで、相手が何を伝えようとしているのか、どんな状態であるかがわかります。これは無関心にならないということです。

何よりも優先して、いつも見ている。この気持ちが大事です。

「愛する」の反対は、無関心です。一緒にいることに慣れるにつれて、相手を思う気持ちは変わらなくとも、相手への関心が薄れることがあります。そうなると、見ているようで見ていない。寄り添おうという気持ちがないと、一緒にいても変化に気がつかなかったり、かすかな変化を見逃したりします。すぐ近くにいても、心はどこか遠くに行ってしまっているのです。

見つめるとは、監視することではありません。相手の自由は最大限に尊重します。

眺めるのとも違います。何かあれば、すぐに手を差し出そうとする気持ちが大切です。

見つめていると、いろいろなことに気がつきます。相手の得意なこと、苦手なこと。いいところ、悪いところ、矛盾したところ。人間ですからいいところばかりではありません。僕もあなたもそうです。

それらをすべて受け入れてやさしい気持ちで見つめましょう。見つめることの先に理解があります。見つめることは一番優先するべきことです。

支える

安心というしあわせを。

「支える」とは、言葉の通り、何があっても、相手に対していつも手を添えているような心持ちとでもいいましょうか。

そしてまた、そういう安心を与えることで、相手がのびのびと生きるのを応援することだと思っています。

相手を見守り、励まし、疲れている時には、ゆっくり休めるように精一杯に気を配ること。悩んだり、迷ったりしている時には、心を傾けて話を聞くこと。

人は誰しも自分の目標を持ち、自分の道を歩いています。その歩みに、何かを押し付けたり、余計な干渉をしたりしないように気をつける。時には自分が、相手の重荷になっていないか、自分の常識が相手を束縛していないかを省みることも必要です。

何かをしてあげているつもりが、相手の負担になっていることもあります。

いつも支える。何があっても支え続ける。相手にとってこんなに心強いことはありません。支えることで、安心というしあわせを生み出します。

語り合う

いいこともそうでないことも話しましょう。

人との関係性が深まっていく時、それがパートナーとの関係でも、仕事仲間でも、友人関係でも、知らぬうちに会話が省略されていくことがあります。互いの行動がパターン化すると言葉がなくてもさほど不自由しなくなるからですね。

「言わなくてもわかる」という阿吽の呼吸もひとつの喜びですが、それに甘えてしまうと、いつの間にか、言わずして相手に求めることが増えていき、それがもとになって関係がギクシャクすることがあります。「言わなくてもわかるだろう」は、わがままのひとつです。

日々、人は変化していくものですから、自分の心のうちをある程度は、きちんと言葉にして伝えておかないと、知らない間に溝ができてしまいます。人は矛盾していて当たり前ですので。

互いのことをすべて知る必要はありませんが、言葉を交わすことで互いの情報をアップデートできます。どんなことを楽しいと思っているのか、今何が心配なのか、何か不安なことはないのか、体調はいいのか。

言葉にしないことまで伝わってくるのが、語り合いのいいところ。たとえば、SNSを使った文字だけでのやり取りでは、なかなかそこまでは伝わりません。

相手に対してネガティブな気分になるのは、相手が何を考えているのかわからない時や、相手の状況がわからない時です。

語り合うことを習慣にしていれば、時に誤解が生じるようなことがあってもすぐに軌道修正ができます。

いつも語り合いましょう。

今日あった楽しい出来事、最近、気になっていること、今度の休暇に行きたい場所、今、心配に思っていること、何でもいいのです。無防備なおしゃべりはとてもリラックスできます。会話がなくても心地いい時間はありますが、会話しなくてもいい関係はないのです。

まずは自分が心を開いて話してみましょう。自分の話が長くなったら、相手の話にも耳を傾けるようにしましょう。相手が何を感じているのか、今、どんな状況にあるのかに注意を払います。

時には深刻な告白もあるかもしれません。言葉にして語ることは、一歩前に進むことですから、受け止めてくれる相手がいることが支えになります。

気を許した相手と本音で語り合うのは、とても豊かな時間です。

これからの社会では、公と私の区別をますますはっきりとつけて、相手によって話していいこと、いけないことを気にしなくてはいけなくなります。

どんなことでも語り合える関係を、ずっと大事にしてください。

歩む

手をとって歩調をあわせて一歩一歩。

互いが手をとって歩んでいくのは、ひとつのしあわせのかたちです。ところが、パートナーでも友人や仲間でも、互いが成長しながら一緒に歩んでいくことはかんたんそうでむつかしい。

人はかんたんに相手を置いて、自分だけで行こうとしてしまうのです。自分のリズムで歩いたほうが早く進むのだからいいでしょう、と。

人と歩調をあわせることは大事です。

世の中ではスピードや効率を優先して物事を進めることもあります。だけど大切な人とは、ふたりのリズムで歩くことを楽しみましょう。相手のリズムを知り、互いを思いやり、寄り添いながら歩みます。

時には寄り道を楽しむのもいい。新しい発見があるかもしれません。

道に迷ったら、一緒に立ち止まって考えましょう。疲れた時は「休みたい」と言います。転んでも手を差し出してくれる相手がいると安心ですよね。

目的地を決めてもいいし、決めなくてもいい。目的は共に一歩一歩、歩くことです。

禅には、把手共行（はしゅきょうこう）という言葉があります。手をとって共に行くという意味です。

大切な人の手を取り、時には口笛でも吹きながら、楽しく歩いていきましょう。

第4章

豊かになる「いつも」

質問4

弥太郎さん、豊かさとはなんでしょう?

答え
お金で買えないものをどれだけ持っているかということですね。

これまでの時代、豊かさの象徴は、おもに物質的なことでした。すてきな家に住むこと、かっこいい洋服を着ること、とびきりおいしいものを食べることなどの、欲しいものを手に入れること。そして目に見える体験こそが豊かさだと思っていました。

どれも自己満足したり、人に見せたり、人と比べたりできますから、それはひとつの快感のようなものとなり、人は「もっと」を求めます。

もっとすてきな家に住みたい、もっとかっこいい洋服が着たい、もっととびきりおいしいものが食べたい、もっと欲しい。欲望は持てば持つほど膨らんでいくのです。

若い頃は、誰しも「欲しい欲しい病」にかかります。それなりに体験し、ある程度、欲しいものを手に入れると治る人もいますが、自分で「ほんとうの豊かさ」を見つけない限り、一生「欲しい欲しい病」に悩まされることになります。

私たちは、次々と新しいものが登場し、より良いもの、より便利なもの、よりハイスペックなものが競い合う世の中を生きてきました。ところが、その反動なのか、少しずつ物質的な豊かさとのつきあい方を見直す人が増えています。

いいものを誰よりも早く手に入れ、誰よりも先に使いこなすことは、本当の豊かさなのかと疑問を持つようになったのです。

身の回りのものをどう扱うかは、自分自身の心のありようとどうつきあうかを現します。ものを整理すると、心まで整理したような気分になるのはそのためです。ですので、ものとのつきあい方は、いつも自分がどんな心持ちでいるのかに関係してくるのです。

持たない

自分のものになるものはひとつもない。

豊かさとは持たないこと。僕はそんなふうに思っています。

生きていく上で必要なものはそれほど多くないはず。ところが身の回りにはたくさんのものがあふれています。

しかし、手に入れた時の喜びなんて一瞬のこと。むしろ所有したことで苦しみが生まれることもあります。もっとすてきなものがあれば、自分の持っているものが劣っているように思えたり、誰かがすてきものを持っていたら、自分が持っていないことが悲しくなってしまったり。これは所有という欲望から生まれるストレスです。

これはひとつの提案です。この世にあるものはすべて、決して自分のものにはならないという考えを持つのはいかがでしょう。

自分のお金を使っているけれど、それは使わせてもらっている費用と考えてみる。すなわち、何も持たない、持っているけど持たない。

さらに言えば、あらゆるものは世の中からの預かりものだと考えるのです。ですので、責任を伴います。世の中から一時的に預かっているのだから、大切に扱わなければいけないのです。

たとえば、世界的な名画を購入してもそれを所有し続けるためにはかなりの責任を伴います。その名画にふさわしい環境が必要で、湿度や光なども整えないといけません。適切に管理しようと考えるなら、専門の業者に預けるか、美術館に寄贈したほうが楽なくらいです。

名画を持っている人は、大金を使って手に入れ、責任を持って、次の時代に残すために保管するという役割を知っているのです。

「自分のものだから、どう使おうと勝手でしょう」という考えは、かえって自分を苦しめることになります。そこから豊かさは生まれません。

僕は身の回りにあるものを大切に扱うことは、とても豊かなことだと思うのです。そこには生き方が現れるからです。

以前僕は、大切にしていたアコースティックギターを人に譲ったことがあります。長年探して手に入れた貴重なものでしたが、彼のギターへの情熱は僕を上回っていて、僕よりもその人が使ったほうが価値があると思ったからです。その時僕は、手放すことに何の躊躇もありませんでした。

このギターは縁があって僕のところにきましたが、そもそも世の中からの預かりものです。人とも出会いと別れがあるように、ものとだって出会いと別れがあります。所有という意識をなくせば、ものを束縛しないし、ものに束縛されないのです。

本当の豊かさとはものに執着せずに、自分の心が自由であることだと思います。

本当の資産家の多くは、どなたも服装も持ち物もとても質素です。物質的な豊かさを求めていないから。彼らは買おうと思えば、どんなものでも買えるのですが、何も買おうとしません。おそらく、所有することには意味がないと知っているのです。

豊かさとは、何を持っているかで決まるわけではありません。どんなふうに生きているのかに尽きると思います。この、どんなふうに、という賢さこそが豊かさの本質なのです。

とにかく所有は自分を苦しめます。ですので、何も自分のものにしない。その意識があれば、ものとの距離をうまくはかれるようになります。

味わう

感謝をあらわすこと。

味わうことは、ものとのつきあいの中で大切な姿勢になります。

これまでずっと欲しかったものを手に入れて、自分のものにした途端に満足してしまうことは、多くの人が経験しているでしょう。

せっかく持っているのに、使わない。本を買ったのに読まない。服を買ったのに着ない。車を買ったのに一度も乗らないで置いておくという人もいます。

買っただけ、手に入れただけで満足してしまうことがよくあるのです。

使っていても、味わっていないものも意外とたくさんあります。本当はもっといろいろな場面で使えるのに使っていないものや、たくさんの機能があるのに使いこなせていないものです。

たとえば、腕時計。会社に行く日のためのシンプルなメタルバンドの腕時計、休日用のカジュアルな腕時計、特別な日のためのハイブランドの腕時計、ダイビング用の腕時計と、いくつもの腕時計を持っている人がいます。

一つひとつに愛着があるならそれもいいのですが、「限定品が出たから」「セールで安くなっているから」「革ベルトの腕時計もひとつ持っておこう」と買い足しているとどんどん増えて、味わい尽くすことはできません。

ですので、まず手に入れる前に、本当に自分にとって必要なのかどうかを吟味することです。

もしかするとそれは、ただ手に入れたいだけなのかもしれません。

たとえば本の場合、僕はいつも買う前に、読む時間はあるかと考えます。これまでは寝る前に本を読む習慣があったのですが、最近は目が疲れやすくて夜に本を読めなくなりました。仕事もありますから、かなり意識して本を読む時間をつくらなくてはいけないのです。するとそう何冊も読むことはむつかしいとわかります。

ところが多くの人は読む時間を見積もらないまま買ってしまうようです。たとえば靴や洋服も同じようなことを聞きます。買ったけれど、着て出かける機会がなかったとか。

手に入れたものは存分に味わうことがものに対する礼儀です。いろいろと工夫して使い、味わいを発見することは、ものへの感謝でもあります。

大切に使って、そのもののよさを味わうことには喜びがあります。ですから存分に味わうことを習慣にしたい。それこそが豊かさではないでしょうか。

工夫する

困ることを楽しみましょう。

ああしたい、こうしたいという日常の問題解決に役立つツールやサービスが次々と出てきて、どんどん便利になって、一見、快適に物事が進むようになっています。

新たな困りごとが起きても、すぐにそれを解決するようなビジネスが生まれるから、自分で創意工夫することが減りました。入念に準備をしたり、苦労して調べたり、あるいは誰かに相談したりしなくても、それらを利用すれば何とかなるのです。

採用面接で話す内容に困った時も、自分の体質に合うサプリの選択も、今やＡＩがかんたんに解決してくれます。

でもそれは本当にあなたにとってのベストなやり方でしょうか。大勢の人がいいと思うやり方で満足でしょうか。とても些細なことですが、その判断の積み重ねが人生を大きく左右します。

僕は本を売る仕事を始めた時、どうすれば本がたくさん売れるのかとずいぶん考えて工夫をしました。どんな本を仕入れるのか。仕入れた本をどんなふうに並べるのか。どんな接客をし、どんな体験を提供するのか。

失敗を繰り返しながら一つひとつ学んで、商売に活かしていきました。

ところが今はスマートフォンで検索すれば、ビジネスの方法論はいくらでも出てきます。さらに「ひとりで始める」「書店経営」と細かく検索していけば、自分が求めていた「答えらしきもの」をかんたんに手にすることができるでしょう。

でもそれで手に入るのは「答えらしきもの」にすぎません。学びのきっかけにはなりますが、ほとんどが誰もが思いつくようなことです。

仕事であれ、日々のことであれ、本当の工夫とはその日、その場で起きたことに最適な方法を見つけること。自分だけの発明発見です。

コンビニエンスストアができたのは、夜遅くに買い物ができなくて困っている人たちに対応するためでした。それまでは遅くまで仕事をして帰ってきても、生活必需品を買える店はなかったのです。

コンビニエンスストアがオープンしたことで、仕事帰りにお弁当を買って帰ることができるようになりました。だけどそれが一番いい方法かどうかはわかりません。ちょっとした工夫で、それほどお金がかからず、おいしくて健康的な食事をとることもできます。

困った時、思い通りにいかない時は、誰もが一瞬は思考停止しますが、なんとかしなければならない時は、頭がいつも以上によく回転します。「火事場の馬鹿力」というのは、ピンチの時には、筋肉の稼働率が上がるということ。いつもは覚えていないような過去の経験や知識もフル活用して解決策を思いつきます。

そうやって自分で考え、あれこれと行動した経験は、確実に自分の中にストックされていくのです。こうしたらうまくいったという成功体験として残ります。

工夫は時間がないとできませんから、大多数の人が支持する「答え」が便利で効率がいいというのはわかります。ですが、自分で思考したり、勇気を出して誰かに声をかけて相談したりして、何かを解決していくことの価値は計り知れません。自分のちからで何かを知る喜び、学ぶ喜びがあり、自信もつきます。

まずは自分で考える。

工夫せずに便利なものに頼って、貴重な体験や学びの機会を逃してしまうのは、なんとももったいないことです。

使い続ける

少しの使えるものをずっと使う。

僕についていえば、ここ何年か買い物の記憶がありません。食材や消耗品は買いますが、服や身の回りのものは、ほとんど買っていないのです。ランニングシューズは、半年前にソールが減ったから買い換えましたが、そうやって必然性がある買い物しかしていません。

自分に必要なものはすでに持っています。それで事足りるのです。

ものが増えると選ぶという行為が生じます。靴が何足もあれば、「今日はどの靴にしようか」と決断しなくてはいけなくなりますが、実はそれもストレスなのです。

少しの使えるものをずっと使う。それでいいのです。

世の中は「買い物は楽しい」という訴求にあふれています。世界は、つねに欲望を刺激するような仕掛けになっていて、私たちはその欲望と戦うことになります。そこにどう対処するのかが、今を生きる私たちの課題のひとつですね。

僕が買い物をしていない理由は、新しいものを否定しているからではありません。

新しさにはたくさんの学びがあるので、ひとつの情報として知っておく必要はあります。しかし、買い物となると別の話です。自分が持っているものに満足していて、どれもまだ十分使えるから買い物の必要がないのです。

多くの人は今のものに飽きることで、次のものが欲しくなります。新しいものに目がいってしまうのです。

だけど僕は一度好きになったもの、気に入ったものに対して飽きたりはしません。「これで十分」と思うから。それもひとつの心の持ちようで、豊かさといっていいものかもしれません。

もちろん、新しいものに関心はあります。

「どんなものだろう?」と興味を持つのですが、それでも買おうという気持ちにならないのは、またすぐに次の新しいものが出てくるだろうと予測できるから。

それにいちいち反応していたら、まだ使い切らないうちに新しいものを買うことになります。それではまるで「新しいもの信者」です。

本当にそんなに新しいものが素晴らしくて、新しくないものは劣っているのでしょうか。昨日までは気に入って使っていたのに、新しいものが出た途端つまらなく感じるのは、どこかおかしいと思うのです。

今、持っているものは、すべて長く使いたいもの。そんな豊かさもあります。

分かち合う

知ってもらうことは信頼になる。

豊かさを育むのは、ものとのつきあいだけに限りません。これからはむしろ、人と人とのつながりで感じる豊かさが大事になっていくでしょう。

たとえば、「分かち合う」こと。

僕が人から言われて一番はっとするのが、「あれはどうなった？」です。仕事でもプライベートでもそう聞かれると我に返ります。またやってしまったと。

夢中になるとつい報告を忘れるのは、おそらく僕だけではないでしょう。ですから、なるべく聞かれる前に自分から話しましょう。喜びも、楽しみも、悲しみも、苦しみも誰かと分かち合うことで、お互いの心に安心を与えます。

釣りが好きで週末にひとりで行くと決まった時は、準備に夢中になる前に、どこへ行くのか、どんな魚が釣れるのか、どういう装備をするのかをパートナーにも話します。

その楽しさを分かち合えば、相手は気持ちを理解して、快く送り出してくれるでしょう。もちろん帰ってきたら、どうだったかを報告します。

そうしていると、だんだん相手も「今日はどうだった？」「次はどこへ行くの？」と一緒に楽しんでくれるようになるでしょう。

同じように、悩みや失敗もひとりで抱え込まずに分かち合います。心配事や悩みはなかなか自分から話しづらいものですが、聞いてくれる相手がいるだけでありがたい。話をするうちに自分なりにどうしたらよいのか整理もできます。

相手にしても打ち明けられるとうれしいものです。

仕事でもできる範囲で情報を共有し、プロセスや状況を分かち合います。「最近忙しそうだけど、何をやっているのだろう？」と思われるより、「大変そうだけど、よくやっているな」と思われるほうが信頼度は上がります。思わぬアイデアがもたらされたり、困った時に助けてもらえたりすることもあるでしょう。

分かち合うという姿勢が、豊かな人間関係を育みます。

第5章　暮らしの「いつも」

質問5
弥太郎さん、暮らしと生活の違いはあるのでしょうか？

答え
生活に、楽しさや工夫を加えたものが、暮らしではないかと思います。

これから先、学歴や職業、年齢、勤務先などよりも、その人がどんなライフスタイルを持っているのかが重要になってくると思っています。

これまでは、大学を卒業し、企業に入社して、そのまま定年を迎えていた人たちにとって、学歴や肩書きがとても重要でした。

しかし、これからの時代はそうした終身雇用が減り、組織に属するだけでなく、個人としての能力が重視されて、転職も当たり前になっていくでしょう。自分でビジネスを始める人も増えていきます。

そうすると、仕事のパフォーマンスをもっと厳しく問われるようになるだけでなく、情報化社会においては、その人のライフスタイルにも関心が広がるでしょう。「どんな人なのか」を判断するのにもう肩書きは役に立ちません。

食べること、着ること、住むこと、遊ぶことなど、ライフスタイルの選択肢が増えた現代では、何を選ぶかは同時に「どんなふうに」暮らしたいかという生き方のフィロソフィを反映するようになります。

それは人格という個性にも現れるでしょう。私たちが暮らしを通じて発信する、個人という存在の情報が信頼の秤になります。

自分らしさを実現して、心地よく暮らしている人は、ますます信頼されるようになるのです。

これまでは仕事のために暮らしを犠牲にすることが暗黙的に評価されることもありましたが、これからはマイナス評価になることもあります。

時代的に持続可能な働き方ではないからです。

ここで考えたいのは、自分はこれから「どんなふうに」暮らしたいか、そのために何をするか、ということ。

お手本がない時代だからこそ、思い描くだけではなく、今ここで言語化しておきたいですね。それがあなたの人生の大事なコンセプトになります。

食べる

あなたの生き方が一番見えてくる。

食べることは、自分の未来にもっともつながっています。

僕は、昔から食べることと料理することをとても大事にしています。今も基本的に毎日キッチンに立ちます。一日のうちのもっとも楽しい時間です。

以前と比べれば、食べる量は減りました。きっと年齢的なものもあるでしょう。食べすぎると疲れるのです。

消化には、とてもエネルギーを使います。食後に胃がもたれたり眠くなったりするのは食べすぎて疲れるからでしょう。

満腹になるまで食べることはほとんどなく、いつも腹七分目を心がけています。

自分にとってコンディションが整う体重がありますので、それ以上になるとからだが重いし、それ以下になると元気が出ない。その体重を保つために必要な量を食べています。

「少食ですね」と言われることもありますが、節制しているというよりも、自分が試行錯誤してたどりついた食べ方であり適量なのです。


食べることに関しては、本当に人それぞれ。

「お腹がいっぱいになれば何でもいい」「食べたい時に食べたいものを食べるのが一番」という人もいます。

自分自身が快適であること、ストレスを感じないことが大切ですが、食べ方や食べる量、食べる時間を変えてみることで、より快適なパターンが見つかることもあります。


僕は食事のタイミングについてもいろいろ試した結果、今は基本的に朝と夜の一日二食で、昼はたまにサンドイッチやクッキーをつまむことがあるくらい。朝は六時、夜は五時と時間を決めています。

夕食を五時にとるのは、会社勤めをしている人にとってはむつかしいので、おすすめできませんが、大切なのは、毎日同じ時間に食事をするということです。

お腹が空いていることは、つらいとは思いません。基本的にはいつもお腹は空いている状態だと思います。それはある意味、からだが休まっている時。食べたものをしっかり消化したということですから、実は快適なのです。

間食はなし。お腹が空くと口さびしくなって何かを口にしてしまう人が多いようですが、その程度の我慢はなんでもありません。

これも習慣なので、間食しないと決めれば、我慢を我慢と感じなくなります。

よく聞くのは、気がつくとお腹がいっぱいになっている、ということ。

料理を残すのは良くありませんので、最初から量を少なめにしておきます。これも慣れです。僕は腹七分目を心がけているうちに、自分の適量が感覚でわかるようになりました。

もっとも心がけているのは、ゆっくりと味わいながら食べる。これに尽きます。

そして夕食のあとはデザートを楽しみます。これだけは欠かせません。羊羹、甘納豆、チョコレート、チーズケーキ、フルーツなど、日によって変わりますが、デザートで締めることにいつもしあわせを感じています。デザートを楽しみたいというのは、腹七分目の理由のひとつです。

食生活には、その人の生き方がもっともあらわれると思っています。

着る

服装で悩まないという心地よさがある。


毎日ほとんど同じような服装をしています。

服装は、自分が人に与える情報のひとつです。派手な服も流行の服も、ひとつのメッセージになります。人はそこから何かを読み取ります。

僕はいつ頃からか服装で主張しなくてもいいと思うようになりました。主役は洋服ではなく自分なのです。

だから自分が自分らしくいられる服、他人に失礼のないリラックスできる服を着ています。僕は肌触りのよいものが好きでコットン製の服が多く、色もネイビーかグレーが多いので、自然と毎日同じような恰好になるのです。

ＴＰＯはもちろん大事です。人と会う時は、失礼がないようにその場にふさわしいかどうかを考えます。

ですが、無理をしても相手には見透かされてしまいます。こんなことがありました。

ある経営者とお会いした時のことです。失礼がないようにとスーツを着ていきましたが、その方は会うなりこうおっしゃいました。

「松浦さん、普段はそんな恰好していないでしょう」

慣れない服装をすると相手もわかるのです。どこか違和感がある。そういうことまで見透かされるのだとしたら、無理をする必要はないのだと思いました。

それ以降、相手が全員スーツだと予想できる時でも、僕はいつもの服装にジャケットを羽織るくらい。そのほうが僕自身もリラックスして自分らしい振る舞いができます。

ファッションの価値は目まぐるしく変化しますが、今は多くの人にとって、流行を取り入れるという感覚が薄れてきたように感じます。

人目をひくような恰好をしている人を「かっこいい」「かわいい」とは言っても「おしゃれ」と言わなくなりました。

上質なものを選び、目立たないような身だしなみをしている人のことを「おしゃれ」と感じる時代なのです。

「おしゃれ」や「すてき」という言葉は、着ている服も含めた、その人の生き方やライフスタイルに使うことが増えました。身だしなみや装いが、より暮らしの中に溶け込んでいるのです。

着ることに関して、僕が心がけていることが二つあります。

ひとつは自分のからだのサイズに合ったものであること。

もうひとつは清潔であること。

僕が目指すのは、清潔感があり、印象に残らない装いです。

住む

早く帰りたいと思う安心する場所。

家は自分が一番リラックスできる場所でありたいから、大事にしたいのは、そのための環境づくりです。

もっとも心がけているのは、玄関と水回りをきれいにしておくこと。キッチンやトイレ、お風呂の掃除は毎日欠かさずやります。どんな家でも、玄関と水回りをきれいにしておくと気持ちよく暮らせるでしょう。

子どもの頃のことで覚えているのは、母が家の窓ガラスをせっせと磨いている姿です。わが家の窓ガラスはいつもピカピカでした。水回りも清潔にしていて、半畳ほどの小さな玄関も毎日きちんと掃いていました。

当時、家族四人で暮らしていたのは小さなアパートでしたが、そうやって手入れが行き届いていることにすごく豊かさを感じていました。それだけで、家が安らぎの場所になるのです。

住むことをもう少し広げて考えれば、どんな場所の、どんな家に住むのかということになります。仕事や家族のこと、さらにお金のことも関係しますから、希望がすべてかなうわけではありませんが、自分がどういう環境ならリラックスできるのかをよく考えておく必要があります。

広さひとつとっても、広いほうが落ち着くという人もいれば、広すぎないほうが落ち着くという人もいます。賑やかな街が好きな人もいれば、静かなところが好きな人もいます。

ある程度の資産を持つ人はセキュリティの整った場所が安心ですし、大きなビジネスを展開する人は、自身の緊張を解きほぐすためにもある程度の広さが必要です。

ひとつ心に留めておきたいのは、周囲との関係です。

家はドアを閉めると自分の世界になります。ですので、つい気が緩むのですが、ドアの向こう側は他人の世界です。

自分の家だから、家の中で何をしても自由ということではなく、密集した地域では大音量でギターを弾くと迷惑だし、匂いや煙が出るコーヒー焙煎を始めることも遠慮したほうがいい。集合住宅なら夜中に洗濯機を回したり、掃除機をかけたりすることも大きな迷惑になります。

自分の生活はつねに他人の生活とつながっているのです。

遊ぶ

働くために遊ぶ。

日々の生活と仕事でいっぱいいっぱいになってくると、だんだんと遊びが後回しになります。わざわざ何かをしなくても、と面倒になって家にこもりがちになるのです。

「疲れているから、遊ぶとさらに疲れる」という気持ちもよくわかります。できればそこまで疲れてしまう前に遊ぶといいのです。

遊んで夢中になることでしか得られない発見や感動は、人を自由にして、何かを創造するちからになります。遊べないほど疲れている時には、良いアウトプットがしづらいのではないでしょうか。

理想論のように思うかもしれませんが、特別な遊び、贅沢な遊びをしようということではなく、楽しいと感じて、夢中になれるなら散歩も遊びだし、読書も音楽を聴くことも遊びです。

「遊んでいる時間はない」という気持ちは、さらに自分を追い込みます。

日曜日に思う存分遊んだ人は、月曜日に会うと溌剌（はつらつ）としていて話題に事欠きません。公園でピクニックをしたことや、展覧会でアートを見たことを話していると、おもしろいから人が集まります。

そうやって自分の発見や感動を分かち合っていると、仲間が増えたり、その刺激がモチベーションとなり仕事に弾みがつきます。

遊びは、あらゆることの原点です。太古から人は遊ぶことで学んできました。遊びとは、集中とリラックスを体験することです。成功と失敗や、支配と従属を学ぶこともあります。直感や熟考も遊びの中で体験できることのひとつです。

身だしなみ

社会への精一杯の敬意です。

身だしなみを整えること。

自由でありたいと願ういっぽうで、つねに社会への敬意を忘れずに、人を不快にするようなことがないようにしたいのです。

衣食住とは、どれも個人のことですが、だからといって何でもいいわけではありません。自分が社会に属したひとりであることを自覚すれば、おのずと良し悪しはわかるはずです。

身だしなみでは、何より清潔であるよう心がけています。

床屋へは一〇日に一回通い、髪を切っています。歯は三ヶ月に一度のクリーニング、整体には月に二回ほど行ってからだを整えています。

髪が伸びる前に床屋へ行き、虫歯になる前に歯科医院に行き、不具合が出る前に整体に行く。

この習慣は何があろうと守っています。なぜなら、これが僕にとっての精一杯の身だしなみの基本だから。

人は相手を見た目の良し悪しではなく、全体の空気感という印象で判断しています。

健やかさは、もっとも信用と信頼を感じさせるものだと思います。

年齢を重ねるほどに心がけたいのは、いくつになっても清潔であることです。気を抜くとすぐに乱れます。そのことに先に気がつくのは、自分ではなく他人なのです。

そしてまた、もっとも大事な身だしなみは、そういう清潔感に加えて、心からの笑顔だと思っています。

第6章

健やかな「いつも」

質問6

弥太郎さん、私は病気ですが、健康でないのでダメでしょうか？

日々の暮らしは健やかさに支えられています。働くことも遊ぶこともそうです。

それなのに、人はかんたんに健やかさを犠牲にします。忙しくなると、十分な睡眠を取らなかったり、食事に気を配らなくなったりする人が多いのではないでしょうか。

運動不足だとわかっていても、行動を起こすことはいつも後回し。からだに負担がかかるとわかっていても間食はやめられない。

それでもすぐに体調に影響があるわけではないので、つい、「まあ、いいや」と油断してしまうのです。

答え
健康とは自分を知ること。自分をよく知っているあなたは健康です。

しかし、いつかどこかに負担があらわれます。疲れやすくなったり、やる気がなくなったり、ひどい時には肥満や高血圧につながります。

若い頃は、大人たちが「無理をするな」と言うのを不思議な思いで聞いていました。「何も無理なことはしていないのに」と。

今よりも体力があったし、疲れもすぐに回復したり、何より適応力もあったのです。

今は、その言葉の意味がよくわかります。

過信して無理を続ければ、生活のリズムを乱し、過度なストレスは心の安寧を乱し、長期的に見れば、何もいいことがありません。

何より、どんどんと見た目が老けていく自分がいます。

健やかさとは、心とからだがいつもリラックスしていて、のびのびと自由にできること。

やりたいことを思う存分にできる強さと、予想外のことにいつでも対応できるしなやかさを支えます。

持病があっても、その対応をきちんとしていれば、健やかに暮らすことはできます。

これからずっと健やかであるために、今、できることから始めましょう。

健康

今日の自分が未来の自分をつくる。


健康のもととなるのは、毎日の習慣です。

いい習慣はいいリズムをつくります。


スポーツ選手が習慣を大切にするのは、パフォーマンスを維持するために、それがもっとも有効だから。

持病がある人や、からだが弱い人も、心地よく過ごすためのルーティンや心がけがあるでしょう。


まず考えたいのは食事です。

朝食はしっかり食べたほうが調子がいいのか、それとも軽くすませたほうがいいのか。

自分にはどんな食事が合っているのか。夜は炭水化物を取らない。一日二食が合っている。間食はしない。

自分なりの食事を見つけて、それを習慣にすることから始めましょう。

睡眠も同じです。

何時に寝て、何時に起きるのか。一般的には、早寝早起きが健康的といわれますが、大切なのは自分に合うパターンを見つけることです。

習慣にしてしまうと、からだがそのパターンを覚えます。

夜なかなか寝付けないという人もいますが、焦らず毎日、同じ時間にベッドに入る。眠れない自分を責めない。

朝は同じ時間に起きて、同じように食事をして、夜も毎日同じ時間に食事をしていると、だんだんとからだが慣れていきます。

寝る時間だけを決めても実行はむつかしいのですが、食事と、そしてできれば軽い運動とセットで考えれば、いい習慣がつくれます。

今日の健康をおろそかにすると、未来の自分を苦しめます。

人は不摂生を快楽や、自由だと感じることもあるのですが、遅かれ早かれ後悔します。

今日、自分がどんなふうに食事をし、どんな睡眠をし、どんな過ごし方をするのかが、何年後かの自分の健康にあらわれるのです。

未来の自分をイメージすれば、健やかであることのほうがよっぽど自由だとわかります。

これからも健康でいるためにはとにかく習慣が大事。
環境や年齢によって変わってくることもあります。合わないと感じたら、少しずつ調整しましょう。

歩く

ひらめいたり、すっきりしたり。

僕は毎日とにかくよく歩きます。歩くと心とからだが軽くなるのです。仕事で一日中机に向かっている日などは特に実感します。

歩きながら、五感を働かせて、たくさん観察をします。
「暑くなってきたなあ」「こんな服が流行っているのか」「みんな急いでいるなあ」とか。

歩くことで観察できる情報はたくさんあって、世の中の動きや人の感情がよくわかります。

悩みがある時にも歩くことは有効です。机に向かっているよりも心と頭がよく働きます。きっとリラックスするからでしょうね。
外を歩いているうちに、解決方法がひらめいたり、悩みそのものが軽くなったりすることも多いのです。

僕が歩くのは、だいたい一日二回。昼と夜で一日一万歩は歩いています。昼はなるべく歩く機会をつくるようにスケジュールを組んでいます。外での打ち合わせに歩いていったり、一駅分を歩いてみたり。

夜は食事が終わったあと一時間ほど歩いています。毎日同じコースを歩くから、自分の体調がよくわかります。今日は坂がきつく感じるなとか、汗をよくかくなとか。

歩いているうちに食べたものが消化されて、終わったあとすごくからだが軽くなるので、そのあとよく眠れます。

とにかく歩くことは、日々のサプリのような、とてもいいリラックス法ですね。

規則正しく

とにかく淡々と同じリズムで。


規則正しい生活は、健やかさの基本です。

僕の一日の時間割は、平日も休日もだいたい同じ。

起きるのは五時くらい。夏はもう少し早くなったり、冬になると遅くなったりします。朝食は六時。

八時には仕事を始めます。午前中が一番、集中できる時間です。

昼は一二時から一時間ほど休憩します。食事はほとんどとりません。

仕事を終えるのがだいたい夕方の四時。八時間労働ですね。

その後、食事の準備をして六時には食べ終えるようにしています。それから一時間ほど散歩をして、寝るのは一〇時くらい。

これがルーティンになっています。


いろいろ試してみて、もっとも生産性が高く、集中力も保てるのがこの時間割です。

目覚まし時計を使わなくても毎朝自然と目が覚めて、夜もその時間になればだいたい眠くなります。

ですので、毎日がとても淡々としています。変化がなくてつまらないと思われるかもしれませんが、規則正しい生活は、あなたが考える以上にあらゆるコンディションに対してレバレッジが効きます。

規則正しく暮らすことは、慣れてしまえばそれほどむつかしいことではありません。

それでいて大きなリターンをもたらします。毎日、心地よく暮らせて、仕事でコンスタントに高いパフォーマンスが出せますし、緊急時にもしっかり対応できます。

ストイックに生きることを良しとしているのではないのです。

会食の約束があれば、食事の時間はいつもと変わりますし、打ち合わせが延びれば、寝る時間が遅くなることもあります。

それは仕方がないこと。自分に課したルールではないから、守るために苦しまなくてもいい。

習慣になっていれば、たまに崩れることがあってもすぐに戻せます。

ただし連続して崩れると、戻すのは大変です。からだの調子がしっくりこなくて、ストレスになるので、なるべく大きく崩さないようにしています。

毎日会社に通勤している人は、僕のように夕食を六時に食べ終わることはできないでしょうし、早寝早起きがいいといっても職業によってはむつかしい。

大事なことは、自分に合った「規則正しく」です。
規則正しく過ごすことで、安定したいいリズムができます。
それがからだと心にとって一番快適なことなのです。

休む

せめて深呼吸だけでもいいのです。

健康であるために大切なことはたくさんありますが、そのうちのひとつが、疲れを感じる前に休むこと。
これは多くの人にとって、かんたんそうでできないことのひとつではないでしょうか。

疲れを感じなければ、休む必要も感じないからです。

心は、疲れている時ほど強がることがあります。

疲れていると認めたくない、まだ大丈夫、もっとがんばれる、というように。

ですので、いわば休むことも仕事のひとつ。

疲れていなくても休みます。疲れていないから、忙しいからと仕事の予定を詰め込むのではなく、先に休みを確保します。これが大事です。

一日の休み時間は、食事の時間と睡眠の時間です。そして一週間のうちいつ休むか、一年間のうちいつ休むかを決めてから仕事の予定を入れます。

休み方は人それぞれ。アウトドア派もいればインドア派もいます。

心が疲れやすい人もいれば、からだが疲れやすい人もいます。それぞれに合った休み方があるはずです。

休む目的は、からだと心をとにかくリラックスさせること。一番かんたんな休み方というか、応急処置的に休ませる方法は深呼吸です。ゆっくりと何度も深呼吸を繰り返しましょう。大変な時ほど効果があります。少し力を抜くだけで、からだと心は驚くほど回復します。忙しい時ほどリラックスして慌てない。そんな姿勢がまわりの空気を和らげることもあります。

休むことで、自分のからだと心を守る。休み上手は成功の秘訣です。

手入れ

自分を落ち着かせるための応急処置。

手入れとは、英語でいうとメンテナンスですが、故障しないためというより「庭の手入れ」「肌の手入れ」というように、ひと手間かけて、よりよい状態を保つための行いです。

あなたは、自分のからだや心がどうやって手入れをすれば整うかを知っているでしょうか。

僕が自分の心の手入れのために行っていること。まずは読書です。

職業として文章を書く時は、まずオーダーがあります。「こんなテーマで、いつまでに書いてください」と依頼がくるのです。

三〇代の頃は、毎日のように締め切りがあって、まるでスポーツのように「はい、次」「はい、次」と書いていました。

理想の文体を思い描きながらひたすら書き続けて、自分なりのスタイルができたのですが、たくさん書き続けていると、そのスタイルが少しずつ崩れます。

余計な知恵がついて、背伸びしようとしてしまうのですが、そうそううまくはいきません。

悩んでいるうちに、きれいな四角だったものがだんだん変形して、自分なりの心地よいリズムすら見失うことがあるのです。

そんな時、僕は自分の手入れをするために読書をします。

お手本とする一冊、たとえば、志賀直哉の作品を読んでみる。そうすると、落ち着いた気持ちで、自分らしさに立ち返り、書くことに向き合えるようになるのです。

ですので、書棚には志賀直哉の全集が並んでいます。とりわけ好きなのは随筆で、書棚から一冊取り出して紙のページをめくっているうちに心が整います。

指で感じる紙の質感や文字を追う時のスピードが心地よく、作家と対話しているような感覚になるのです。たった一〇分の読書であっても、こういうひとときが自分自身の手入れになるのです。

自分の心とからだの手入れ方法は、自分にしかわからないことです。

きっと自分だけの気持ちのいいやり方があります。

第7章

安心の「いつも」

質問7
弥太郎さん、どうしたら
不安はなくなりますか？

答え
「ありがとう」と思うと、不思議と不安はなくなります。

毎日を安心して、のびのびと過ごすためにはどうすればいいのでしょうか。

誰もが不安を感じながら生きています。


「これから先どうなるんだろう……」

「病気になったらどうしよう……」

「このまま仕事を続けることはできるのか……」

そんな不安を抱えて生きるのが日常になってしまうのはつらいものです。

けれども、誰もがきっとこんな不安に悩まされていると思います。

ちょっとしたことで感情が揺れて、気持ちが不安定になったり、日によって機嫌が良かったり悪かったりすると、落ち着いて何かに取り組むこともむつかしくなります。

そういう状況は、変えることができます。
考えすぎず、もっと力を抜けば、楽になります。
安心して過ごすための習慣を取り入れましょう。

守る

守るのはアイデンティティと約束。

自分が自分でいるためには守るべきものがあります。それは自分自身です。自分を大切にすることが、安心につながります。

自分のアイデンティティを守れるかどうかは、優秀であるかや、世の中の役に立つかではなく、最後まで自分を信じ切れるかどうかにかかっています。「私はこう考える」という意思をしっかりと持つことです。社会で自分が存在していることを証明できるのは、その人だけのアイデンティティです。

アイデンティティはフィロソフィと言い換えることもできます。
つまり、人としての「理念」です。
たとえば、僕は「正直、親切、笑顔」という理念を持っています。これを自分の中心に置いておく。
それは自分自身の強さとも言えるでしょう。これを携えて人生という旅を歩んでいくという決心にもなりますね。すなわち自分を守ること。

そしてもうひとつ守るものがあります。それは約束です。

約束とは自分自身との約束もあり、人との約束、そして社会との約束もあるでしょう。きっと誰にも約束はあるはずです。その約束を思い出して守ること。

自分にはどんな約束があるのか？　それをよく考えるべきです。いつも約束を思い出し、いつも約束を守ろうと努力すること。

ふれる

あたたかさこそが安心の種になる。

ふれることが減っています。

パンデミックの影響もあって、握手やハグを気軽にできなくなりました。

衛生面での不安も、ものにふれる機会を減らしています。

実際にふれることでしか感じられないこと、伝わらないことがあります。

見ることとふれることには、大きな差があるのです。

たとえば器は、実際に手でふれて持ち上げることで使いやすさがわかります。眺めているだけでは、そういう情報は得られません。

ふれることで得られる安心感もあります。

タオルや毛布の肌触りが安心を生むことは、きっと多くの人が知っているでしょう。

「ふれる」は、「さわる」と少し違っています。

「さわる」はどこか一方的ですが、「ふれる」は、相手がものであれ、人であれもっと深い交わりを感じます。

それがふれあいです。

会うだけではなく握手をすると、手のひらの感触とともに温もりや力強さが感じられて、さらに印象が深まります。

夫婦や恋人たちは手をつないだり、手を添えたり、もたれかかったりすることで愛情をたしかめます。

人はふれることで安心します。
これからどれだけヴァーチャルが進んでもその事実は変わらないはずです。
ふれあうことのあたたかさが安心につながるのです。

築く　続くこと、つながること。そして強くなる。

築くとは、しっかりと根を生やして、育てていくこと。
人生には時間をかけることでしか得られないものがたくさんあります。

たとえば、信頼。
いつも笑顔で対応してくれるレストランのスタッフや、すれ違うたびに爽やかなあいさつを欠かさない同僚のことを、いつの間にか信頼するようになっていないでしょうか。

「いつも笑顔」

「頼りになる」

「感謝する」

そんな態度は、どれも安心につながります。

ずっと変わらない態度で接する人のことを、人は信頼するようになるのです。時間をかけて築いた信頼は、人に安心をもたらします。


自信も同じです。

たとえば同じ仕事を続けていると、一年目、二年目、三年目と着実に自信がつきます。仕事そのもののスキルだけではなく、何かあった時の態度など経験したことすべてが自信を築くのです。


人間関係にしても仕事にしてもしっかりと土台から築き上げていくことが、安心につながります。

一から積み上げていくことで、点が線になっていく。そうやって築いたものは揺るぎがないのです。

何かを始める時も「築く」というイメージがあるだけで、安心して取り組むことができます。

自分が一つひとつしっかりとやり遂げた先の、「築き」を想像することができるからです。

たとえ今はうまくなくても「一年後には、きっとできるようになっているだろう」と思う「築き」がちからになります。

「こんなことをしていて何になるのか」と不安にならずにすみます。

「石の上にも三年」ということわざは「とにかく三年は我慢しなさい」と解釈されることもありますが、「何かを築くのには、それくらい時間がかかりますよ」という意味です。

まずは信じることです。何事も疑ってかかるとなかなか軌道に乗りません。信じて築いていくことで、人間関係も社会との関係も少しずつできあがっていきます。

そうやって築いたものはかんたんには崩れません。強くなります。だから信じられる。だから安心できるのです。

求めない

期待せず、求めず、計算もしない。

ギブアンドテイクという古い言葉があります。与え合う、譲り合う、支え合うという、これはこれですてきな考えです。

私が与えたら、あなたも私に与えてください、というように、つねにプラスマイナスゼロの関係を求めることだと勘違いしてはいけません。

あくまでも、相手からいただいた贈り物を忘れてはいけないという心持ちであり、言葉の意味を単純にルール化してはいけないのです。損得の考えではないのですから。

とはいえ、誰かが自分のために何かをしてくれることは、当たり前ではないのです。

「誕生日には、パートナーが何かを計画してくれるはずだ」と期待しても、どうなるかはわかりません。期待が大きいと、誕生日が近づくにつれ不安になります。本当に計画してくれるだろうか。忘れているのではないか……。そうなってしまうと、誕生日はただの苦痛でしかないでしょう。

何かを求めると、楽しめないどころかストレスにもなりかねないのです。それでは安定した人間関係を築くことはできません。

仕事でも、誰かのために何かをした時、たとえば困っている人を助けた時や何かで気を利かせた時、心のどこかで相手が感謝してくれることを期待していないでしょうか。

最初は善意だったのに、「こんなに一生懸命やっているのに伝わっているのか」と気になり始めることもあります。

だけど、多くの場合は「知らんぷり」です。

「ありがとう」のひと言くらいあってもいいと怒る人もいますが、ないのが普通です。そこに期待しないことが大事です。

相手の反応を気にしていると、苦しむのは自分です。求めないことです。

おそらく相手は気がついています。感謝していないわけではないのです。十分わかっている。感謝しているし、うれしいと感じています。それでも態度に示したり、言葉にできたりする人が少ないのです。

自分自身は、誰かが何かをしてくれた時に感謝を示す人間でありたいと思いますが、人にそれを求めることはできません。わがままなことですからね。

それでも与え続けます。自分ができることをやればいい。

心穏やかに過ごすための秘訣は求めないことです。プラスマイナスの計算もしない。損か得かで動かない。

心を込めるというのは、見返りを求めず、尽くすこと。

何かを求めない姿勢は、安心を生み出します。

把握する
正しい事実を見極めること。

不安を抑えるために、もっとも有効な方法のひとつは、把握することです。たとえば、健康に不安を感じている人は、健康診断を受けるなどして自分の状態を把握することで、不安が減ります。

「事実を知ったら余計に不安になるのではないか」と目を背ける人もいますが、何も知らないままでは、不安を消すことができません。

将来の資金が不安なら、自身の貯蓄や年金のこと、今後必要なお金のことを調べて把握することが大事です。

パンデミックが不安なら、信頼できる調査に基づいたデータを見て状況を把握します。

むつかしいのは、知って把握する、その方法です。あらゆる情報が発信されていて、中には正確さに欠けるものもあります。そういう情報でも多くの人が支持することもありますから、注意が必要です。不安になるあまり情報を追いかけすぎると、さらに不安になることもあります。

常に客観的であることが大事です。どんな人たちがどんな情報を発信しているのか。どんな人たちがそれを支持しているのか。どんなエビデンスがあるのか。

そうやって全体を俯瞰することで、ようやく把握できます。把握するというのは、単に情報収集すればいいのではなく、分析し、状況を見定め、正しい事実を見極めることです。

インターネットだけに頼るのではなく、多くの資料を読んだり、たくさんの人の話を聞いたりして、最後に自分でよく考えることが必要です。

仕事においても、暮らしにおいても、トラブルが起きた時は「どうしよう!」と焦りますが、最初にすべきは状況把握です。それができれば、どう対応したらよいかは見えてきます。

何が起きてもそこで感情的になったり、あるいは落ち込んだりせずに、とにかく状況を把握する。そうすれば、不安で何も手につかないということはなくなります。

落ち着いて把握することで、たいていのことは安心に変えられるのです。

第8章　学びの「いつも」

質問8
弥太郎さん、勉強と学びの違いはなんでしょうか？

答え
勉強とは知識を身につける手段です。学びとは探求することです。

資格をとるための学習や、知りたいことや興味のある本を読むことだけが学びではありません。

何かを体験すること、知ることも学び。何かに疑問を持つこと、発見することも学び。自分自身と向き合うことも学び。失敗することも学び。

つきつめれば人生すべてが学びです。

ところが、歳をとればとるほど学ぶことはむつかしくなります。どうしてでしょうか。

人間は、生まれてからひとりで生きていけるようになるまでは学びの連続です。見ること聞くことすべてが新しく、生きていくための栄養のように吸収していきます。

ところがある程度の年齢になると、これ以上、新たに何かを学ばなくても生きていけると勘違いしてしまう傾向があります。長く生きてきた経験がおごりになって、何とかなる、もしくは、別にどうなってもいい、などと思い込んでしまうのです。残念なことです。

それでは変化のスピードが速い、今の時代を楽しむことはむつかしいでしょう。

つねに最先端を知っていなければならないというわけではありませんが、せめて好奇心の窓は大きく開けておいて、気になることや、楽しそうだと思えることは、子どもの頃のように吸収していく自分でありたいと思っています。

そのための条件はやはり素直であること。自分を過信しないこと。そして感動。

素直でありさえすれば、出会いに感動し、感動に感謝し、感謝は学びを呼びます。そんな人はどんどん成長します。初々しくなります。

それでも威張らない。人にはつねに頭を下げて教えてもらう。だからさらに情報や知識が身につきます。

学び続ける人と、人生のどこかの時点で学びを放棄した人との差は広がるいっぽうです。悲しみや苦しみ、つらさも学びとしてとらえる人の人生は、いつまでも希望の光で満ちていくでしょう。

どんなに年齢を重ねても、初々しい人の秘密がここにあります。

チャレンジ

新しい自分と出会うために。

いつもチャレンジしましょう。

歯をくいしばるようなチャレンジでなくていいのです。自分が好きなことを、もう少し上手になるように工夫することもチャレンジのひとつ。

自分が好きなことなら自然と楽しめますから「チャレンジしてみよう」と思うだけで、新しいスキルが身についたり、さらに好きになったりします。

大げさな目標はなくてもいい。期限も特につくらない。ほんの少しのステップアップでいい。「こうなりたい」姿を思い描いて、少しだけチャレンジしてみる。

ダンスが好きなら、いつもと違う音楽で踊ってみることもチャレンジです。分厚くて読むことを敬遠していた本を取り出して読むこともチャレンジになります。

それが自分にとって、とてもいい刺激になり気分転換にもなります。

チャレンジは驚きをもたらします。好奇心の幅が広がって、アンテナの感度も上がります。新しいもの、いつもと違うものが、ひらめきにもつながります。

新しい扉を思い切って開くこともチャレンジです。

私たちは、知らず知らずのうちに日常が答え合わせのようになっています。こうすればこうなるという、おおよそ結果がわかっていることを繰り返すのです。

変化を起こさないことに安心を覚えますが、それは本当の意味での安心ではなく、楽を感じるだけで、その楽はいずれ自分を退化させてしまう怖さがあります。

たとえば、資料をつくる時。フォーマットを使って、いつもの決まった手順で完成させれば、決して失敗しないとわかっています。80点くらいは確保できるから、もっとも安全です。

しかし、そこに学びはあるでしょうか。発見はあるでしょうか。達成感はあるでしょうか。いつもの方法に頼ることで、学びのチャンスを自分から手放していませんか？

僕について言えば、いつも自分のセーフティゾーンから出て何かをチャレンジしたいと思っています。失敗しない安全なところで勝負をしても学びは限られているからです。

新しいことに取り組むと、失敗して、損失を出したり、落ち込んだりすることもよくあります。しかし、チャレンジには失敗がつきものです。

それを学びととらえるか、損をしたととらえるかだけの話です。

「余計なことをしてしまった。チャレンジなんてしたから損した」と思う人は、この先、さらにチャレンジしなくなるでしょう。チャレンジを生かすも殺すも自分次第です。

これからもチャレンジし続ける限り、誰もがプレイヤーでいられると思います。

年齢とともにチャレンジの深さは浅くなるかもしれません。それでもチャレンジし続けたい。

チャレンジの先には新しい自分がいる。ですからいつもチャレンジしたい。おろおろしながらもそういう大人でありたい。それが学びの大切な姿勢です。

じっくりと

決して急いで答えを求めない。

本当に学びたいなら、焦らずにじっくりと。

最近、学びや習得は、早くできればできるほど価値があるかのようにもてはやされる傾向があります。「たった一ヶ月で英会話がマスターできます」というように。


急いで学ぶことで、時間を無駄にします。

じっくり学んだほうが、効率がいい。さて、どうしてでしょうか?


急いで学んだものは、あっという間に忘れます。

試験前に一夜漬けで覚えたことを一週間後にはほとんど忘れている、という経験をしたことはないでしょうか。

ダイエットも同じで、三ヶ月で一〇キロ痩せるのと、一年かけて一〇キロ痩せたのでは、どちらがリバウンド率が高いかということは、言わずもがなですね。

何かを学んだ時、脳はそこからルールを見つけてプログラムをつくります。ルールを見つけるためには繰り返しが必要で、それをもとにプログラムをつくるにはある程度の時間が必要です。

個人差はありますが、短時間ではプログラムを完成させることができないのです。プログラム化できていない情報は、すぐに忘れてしまいます。

その知識や技術を幅広い範囲で応用できるようになるかどうかも、脳にプログラムがしっかり組まれたかどうかにかかっています。

たとえば、投資でも同じです。

急ぎすぎると稼ぐことはむつかしい。一時期のＦＸもそうでしたし、今なら暗号資産も似たところがあります。

損失を出している人に共通するのは、早く答えを求めすぎること。じっくりと長期で取り組むという手順を踏まなかったのです。

投資に限らず、成功できるかどうかの分かれ目は、どれだけ時間をかけることができるかにかかっています。失敗を成功に変える一番の元手となるのは時間という財産です。

何かを学ぶためには、すぐに答えを求めない。時間をかけて手に入れたものは、そうかんたんに失うことがないという摂理があるのです。

たしかめる

わかった気にならないこと。

どんなことでもかんたんに調べがつくようになりました。スマートフォンさえあれば、あらゆることが検索できます。その答えは、見る、読む、聞くというようにあらゆる角度からも得られる時代です。それゆえ、「自分で調べる」という機会が減りました。

興味や疑問があった時、自分自身の体験を通してたしかめることは大きな学びになります。失敗してもいいのです。

自分でやってみることで得られる経験こそが、本当の情報=事実として価値があります。

マラソンに夢中になっている、ある知り合いの話です。

彼は四〇代になってからランニングを始めました。ランニング開始から数ヶ月で、彼は仲間に誘われてフルマラソンにエントリーします。完走できるかどうかもわからないまま「歩いてもいいから」と言われてやってみることにしたのです。

結果は予想通り大変厳しいものでした。最後の一〇キロはほぼ歩き。でもその時、苦しいからもう嫌だとは思わなかったそうです。

彼は「これほど長い距離を走ることで得られる感動にびっくりしました。こんなにも夢中に取り組む人が大勢いるのがよくわかります。チャレンジしてよかった」と、俄然やる気が湧いたとか。

そこからどんどんのめり込み、今では三時間を切る「サブスリーランナー」になっています。

それがどんなものなのかを自分でたしかめると、得られる情報は膨大で、気づきや感動が伴い、喜びが生まれます。

貴重な一次情報＝生の情報にふれられるからです。

インターネット上でマラソン体験記を読んでたしかめた気になって「大変

そうだからやめておこう」と考える人もいるかもしれません。だけど彼は、実際に走ってみることで、感動というモチベーションが生まれました。

そんな展開は、本人ですら予測していなかったことです。自分でたしかめることで、こんなふうに事態が動くのです。

人間関係においては、時間をかけてたしかめることが役に立ちます。

こんなことがありました。ほとんどの人が初対面のある集まりに参加した時のことです。

新しいグループができると、最初から自分の知識や経験を明らかにして、先頭に立つ人もいれば、そういうことを一切出さずに自分から末席に座る人もいます。

その人は後者で、彼の存在を特別、気にかける人はおらずその他大勢のひとりにすぎませんでした。

ところがトラブルが起きた時、素早く状況を把握してリーダーシップを発揮したのは彼です。

彼はメンバーの人柄や適性をしっかりと見抜き、的確に指示を出すので、誰もが彼に従いました。なぜそれができたかというと、彼はずっとメンバーのことを客観的に観察していたからです。

役職や経歴で人を判断したりせず、事実を自分の目でたしかめていた。メンバーの中にはその人のことを侮ってしまう人もいましたが、そうした振舞いもたしかめていたことのひとつだったかもしれません。

彼自身はまるでプライドを振りかざしたりせず、誰ともニュートラルに関係を築いていました。

目の前の人に対してわかりやすい上下関係を示しても、その場限りの優越感が得られるだけなのに、そこで満足してしまう人が多いのです。

だけど彼のように時間をかけてたしかめると、物事を大局的に見ることができます。

「マラソンなんてつらいだけだろう」「ここに集まっている人たちは大して優秀ではなさそうだ」とかんたんに結論を出すのではなく、本当にそうなのかを自分でたしかめる。

焦って結論を出すよりも、時間をかけてたしかめるほうが大きな学びを得て、大きな山に登ることができるのです。

疑う

信じるために疑う。疑うことで信じる。

答えはいつもひとつとは限りません。

何事にもより良い方法があります。どんな言葉にも違う意味があるように。

哲学と同じです。疑問を持ち考え続けることで、新たな発見があり、学びがあります。

古代ギリシャの哲学者ソクラテスは「ソクラテスより知恵のある者はいない」という神託を疑い、「知恵のある者とは誰なのか」と考え続けました。

そこで得られた学びが「無知の知」「不知の自覚」です。

「知らないのに知っていると思っている人よりも、何も知らないと思っている自分のほうが少しはマシではないか」という考えに至ったのです。

毎日同じ手順でコーヒーを淹れていても、もっとよい方法があるだろうと、つねに疑いの気持ちを持って取り組めば、昨日のコーヒーよりも今日のコーヒーがおいしくなるでしょう。

それは淹れ方の違いかもしれないし、豆の違いや自身の感覚の違いかもしれません。

「これが正しい」と思っていると、新しい発見はできないのです。

僕は毎日同じコースを散歩していますが、季節の移り変わりを感じながら、昨日とどこが違うのかいつもよく観察しています。

すると道端に生えている草の様子やすれ違う人の服装の変化に気づくのです。いつも発見があるから楽しいのです。

正しさを疑うことは、いわば無邪気な好奇心です。好奇心は、既存の枠組みを飛び越えて、より自由な発想を与えてくれるのです。

矛盾しているようですが、疑うことと信じることは共存しています。

疑うと同時に信じることで人は強い意志を持つことができます。

信じるために疑う。疑うことで信じる。というように。

「本当にうまくいくだろうか?」

「この方法で万全だろうか?」

そう疑い、自分で検証することでさらに信じるちからが強くなります。

最後に、人を疑うことは、ここで説明した疑いの意味とは異なりますので注意が必要です。

人間関係においては、信じることですべてがはじまります。

人を疑うことくらい、つらく苦しいことはありません。

自信を持つ

ほめ足りないくらい学んでいます。

私たちは生まれてからずっと学んできました。毎日何かしら学んでいるのです。

自分しか経験していないこと、自分しか気づいていないことがたくさんあります。それらは学問ではありませんが、よく考えてみると、すごいことですよね。

ところが、「あなたは何を知っていますか？」と問われると、はっきりと答えることはむつかしいものです。これまで学んだこと、知っていることを言語化したことはないし、それを論理的に考えたりはしませんし、詳細に記録しているわけでもありませんし。

自分の学んできたことを誰かに説明する必要はありません。

けれども、自分には自分だけしか学んでいないことがたくさんあり、それによって身につけているスキルがたくさんあり、そのスキルによって、たくさんの喜びや成功を得ていることを忘れてはいけません。

それは仕事だけでなく、日々の暮らしの中にある、家事や料理、人づきあいや、育児もそうですね。

このように人よりも優れた、こうすればこうなるという、自分では無意識的にこなしている「すごい」ことがたくさんあるのです。

自分なんて……と思わないことです。もっと自信を持ちましょう。

自分にしかできないこと、自分にしか考えられないことは、たくさんあります。

ほめ足りないくらい私たちはすでにたくさんのことを学んできたのです。

仕事や暮らしにおいて、どうしてこんなに自分はダメなんだろうと思ってしまうことは、誰にとっても茶飯事です。

けれども、何があろうと、最後の最後まで、自分を信じることです。皆が皆、もはやこれまで、と思ったとしても、自分は絶対大丈夫と思うことです。

どんな時も一番、頼りになるのは自分です。

おごることなく、過信することなく、うぬぼれることなく、いつも自分を信じることを大切にしましょう。

第9章　仕事の「いつも」

質問9
弥太郎さん、仕事の楽しさってなんでしょう？

仕事とは何かを、いつか自分の言葉で語りたい。

ずっとそう思いながら仕事をしてきました。どんな人でも、人生のほぼ大半を仕事が占めています。

生きていくために、社会人として認められるために、何かしらの成功のために、自分や家族のために、など、目的は人それぞれです。

けれどもそもそも、大人になったら仕事をすることが当たり前な現代であるせいか、その目的でさえ考えたことがない人が多いように思います。

あなたはいかがでしょうか？

働くことは良いことという、ごく一般的な社会概念があり、働いてさえいれば、まあいいだろう、いつかどうにかなるだろう、という、どこか無力感

答え
仕事は、楽しさよりもつらさのほうが大きいです。けれども、つらさよりもたくさんの喜びがありますよ。

を抱きながら日々を生きていく。いつかの自分もそうでした。

仕事とは何かをわかった人と、わからない、もしくはわかりたくもない（半分あきらめている）人との違いは大きいどころか、これこそ人生を左右するポイントのように思います。

今、僕が思うのは「仕事とは困った人を助けること」だということ。

この答えというか考えは、ある意味、抽象的ではありますが、かなり正しいのではないかと思っています。

ですので、この答えの抽象度を、自分なりの価値観でいかにコンセプトとして具象化していくのか。すなわち自分が語る言葉にするのか。

そして、その先にこそ「成功」もしくは「しあわせ」もしくは「安心」があるのかと思うのです。

仕事とは、必ずその先に生身の人がいます。どんな仕事であってもです。その先に人がいるのなら、その人が何かしらの状態であり、その状態もしくは心理というのは、きっと何かを求めているに違いありません。

ですので、何かを求めている人がいて、それに気づいた誰かによって、何かしらの対応が生まれ、その対応によって、対価や感謝が払われる。

そうやって仕事というものが存在し、その達成感や喜びによる成果が、さらなる仕事の広がりをつくっているのではないでしょうか。

仕事がつまらない、仕事は疲れる、仕事をしたくない、と誰もが一度は思うことがあるでしょう。

けれども、その時「仕事とは困っている人を助けること」と静かに立ち返ってみれば、「そうか、今日の自分の仕事で困っている人が助かるのか」と思い直して、がんばれる自分がいるのです。

「仕事とは困っている人を助けること」。

この意味を自分の仕事にあてはめてみる。

たとえば、一日中、誰とも顔を会わせることのない仕事であっても、ちょっと考えてみてください。

自分の仕事の先、その遠くに誰がいるのか。さて、その人はどんなふうに困っているのか。どんなふうに助かるのかと。

仕事とは「ああ、よかった、助かった……」と、喜んでくれる人がいるから存在するのです。

これが今の僕が語れる言葉です。

助ける

仕事を楽しむための原理原則。

「仕事とは困っている人を助けること」によって成り立っています。何度も言いますが、どんな仕事もそうです。

仕事の目的は人それぞれで「お金を稼ぐために仕事をしています」という人もいれば、「世の中に影響力を持つことがやりたい」という人もいます。でも仕事の成り立ちは、困っている人を助けるための行動です。それを覚えておくと、仕事の目的を見失わずにすみます。「何のために」と思い悩むことがあったら、助かる人の顔を思い浮かべてください。

お金儲けや出世のための仕事に、しあわせの気配を感じにくいのは、その願望の先に人の気配を感じないからではないでしょうか。

この「助ける」という意識がヒントになって、様々なビジネスチャンスを見つけることもできます。

不用な衣類や食器、本などの処分に困っている人がたくさんいると気がついた人が、アプリで一般の人が売り買いできる仕組みをつくったように、困っている人の存在と理由にいち早く気づくかどうかが、ビジネスの成功を左右すると言っても過言ではありません。

時代によって困りごとは変わりますから、つねに観察していないと、新たなビジネスのチャンスに気がつかないだけではなく、自分が今、取り組んでいる仕事が縮小していくこともあります。

たとえば、音楽のストリーミングサービスが始まったことで、街にあったCDショップやCDレンタルショップはかなり減りました。好きな音楽を聴けなくて困っている人が減ったからです。

ところが、最近はレコードが再び売れています。ストリーミングサービスでは物足りないと感じる人たちが購入しているようです。

仕事を発想する時は「それで人を助けることができるのか」といつも考えています。どれだけ多くの人をどんなふうに助けることができるのかと。

今も毎日どこかで「新しい困りごと」が生まれているはずです。自分が困っている人を助けようという心構えを持っているかどうかで、仕事のあり方は大きく変わります。
これは、どんな仕事にも通じる、仕事を楽しむための原理原則です。

準備する

精一杯のギフトを考える。

僕は仕事で大きなプレゼンテーションがある時、練習を繰り返したりと、いつも徹底的に準備します。安心したいからです。

まずリサーチして、プレゼンテーションをする相手が企業であれば、沿革と数年分の決算資料に目を通して、最新のニュースを知り、業績だけでなく強みや弱み、何に力を入れているのかを考えます。強調したい部分にはマーカーで線を引きます。

そうやって企画書をまとめたら、次はプレゼンテーションの練習です。

ストップウォッチを用意して、五分なら五分で終わるように時間を見ながらやります。動画を撮って、聞き取りにくいところはないか、不自然なところはないかとチェックして、自分にGOサインが出せたら終了です。

よく「なぜそこまで準備する必要があるのですか？」と聞かれます。それは自分がリラックスして本番を迎えるためです。それくらいやっておかないと不安で眠れなくなります。

僕にとっては、徹底的に準備することが一番の不安解消法なのです。

そして入念に準備すると開き直れます。もうこれ以上の準備ができないとなると、開き直るしかなくなるのです。そしてまた、徹底的に準備してきましたという素振りを見せないのも大事です。それはあくまでも自分自身の問題であり、アピールするべきことではないのですから。

そこまで準備しても先方から「ぜひお願いします」と言ってもらえないことばかりです。しかしそれは仕方がないこと。仕事は思い通りにいくことのほうが少ないのです。

「結局、準備は無駄だった」とは思いません。準備することでの学びやインプットは膨大ですし、少なからず先方の反応を生で知れただけでも貴重な機会だからです。

僕は会議に出席する時も、取材をする時も、入念な準備に時間を費やします。会議なら事前に送られてきた資料には必ず目を通しますし、取材の時は、知りたいことやたしかめたいことをメモしておくのが習慣です。

たとえば、僕自身が語り手になる、カジュアルなトークショーでもしっかりと準備します。その場で考えながら話すほうが、聞き手にとってはきっとリアリティがありますし、楽しいと思いますが、あらゆるパターンで話せるようにしっかりと準備をしておくのは、その場を楽しませるための責任でもあるからです。

これはおそらく僕だけではなく、動画配信やインスタライブなど突発的にやっているように見えるものでも、多くの人が入念に準備して臨んでいるはずです。

期待値を超えるようなクオリティの高いものは、しっかりと準備に時間をかけているのです。仕事で問われるのは成果ですから。

人づきあいにおいても、それなりの準備というか心がけを大切にします。

たとえば、人に会う時は、その人のその時の状況を自分なりに想像して、今その人にとって喜ばしいことは何か、知ってうれしいことは何か、どんな時間を過ごしたいのかを考えて、それにふさわしい場所やそのための時間を考えます。

手ぶらでは会わない。これは僕の信条です。

相手が喜ぶ何かを準備する。

それはものというわけではなく、会話かもしれないし、過ごし方かもしれないし、場所かもしれませんが、精一杯のプレゼントを準備して会いにいきます。

パートナーとも同じです。

たまにゆっくり食事ができる時は、健康のことを気にしているようなら役に立つ情報を集めたり、旅に行きたいと言っていたら候補地を考えてみたり、気分が晴れないようなら好きそうな映画を調べてみたりと準備します。

そうしてコミュニケーションをとれば、リラックスした会話が弾むので、相手の状況がよくわかりますし、何より相手も「自分のことを気にかけてくれている」と喜んでくれます。それが信頼につながるのです。

準備することのメリットは、準備に時間をかけているうちに自分の心が整うことも大きいでしょう。

計画する いかに余白をつくるか。すべて成果とクオリティのため。

ほとんどの仕事には、時間軸があります。だから具体的な計画が必要です。計画というと、予定をぎゅうぎゅうに詰め込むことをよしとする人もいますが、僕はいつも必ず余白をつくるようにしています。

たとえば一日に八時間勤務とすると、単純に計算して、一時間から二時間の会議を三つか四つ行うことができます。午前中に二つ、午後に二つというように。

しかし、僕の基準では、この場合最大でも一日二つに留めます。

なぜかというと、会議の成果をしっかりと上げたいからです。

たとえばセールスの仕事で一日一〇件、訪問する計画を立ててしまうと、それを守るためには、一件あたりの時間が限られますので、お客様から説明を求められてもその場で十分な対応ができません。「あとで連絡します」と言っても、お客様は今、聞きたいのです。

仕事では突発的なことが起きた時の対応がとても大事です。

ですので計画する段階では必ず余白をつくっておく。

原稿を執筆する時も、実際に書いている時間はどんなに長くても二時間くらい。けれども、その三、四倍の時間は何を書くかを考えています。

いきなり机に向かってスラスラと書ける人もいますが、僕の執筆スタイルは違います。

よって、たいていのことは手を動かしている時間よりも準備に要する時間のほうが長くなります。

執筆には「磨きの時間」も必要です。

書き上げたばかりの原稿は荒削りで、細部にまで神経が行き届いていないことがあるので、必ず時間を置いて読み直します。

そして細かいところを調整して納品する。

その時間も計画に入れておかないと、磨きの足りない原稿を渡すことになります。それは僕にとってかなりのストレスですし、リスクにもなります。

計画は本当に大事です。

それを実行して質の高いアウトプットにするには、いかに余白を読むかにかかっています。

余白があっても、結果として濃密な時間を過ごす、というのが理想ですね。

チームワーク 分かち合う喜びを共に。

ひとりで完結する仕事は、ほとんどありません。

仕事が成立するためには、仲間や取引先、協力者など、人と人とのつながりがとても必要ですね。

たとえば、小説を書くことはひとりでできますが、その小説をよりよいものにしようとするなら、編集者のアドバイスが役に立ちます。本にするにはデザイナーや校閲者の力を借りますし、その本を販売するためには、出版社や書店で働く人たちの協力も必要です。

ビジネスの成功者がメディアで大々的に取り上げられることもありますが、ひとりに焦点を当てていても、実際の仕事はチームを組んでやっていることがほとんどです。

チームで仕事をしている時に大切なのは、ヴィジョンと情報を共有すること。

日常では、よく言われる「ほうれんそう」、報告、連絡、相談を忘れてはいけません。わかっているはずというのは、非常に他責的な発想で注意が必要です。

メンバーから聞かれる前に、うるさがられるくらい報告するほうがいいのです。

時には人を巻き込むことも必要です。「この人に手を貸してもらいたい」

と思ったらすぐに声をかけます。

チームをつくれていれば、トラブルが起きた時もひとりで抱え込まずにすぐ対応できますね。

チーム全員が進行状況をよくわかっていれば、トラブル処理もスムーズです。

「僕は知らないよ」「聞いていなかったから」とはなりません。

どんなことでも共有する。そういう状況をつくっておくこともチームにはとても必要なことです。

もちろん成功した時には成果も分かち合う。

もしかしたら「自分がやったのに」と思ってしまうこともあるかもしれませんが、見ている人は見ていますから、あえて自分の手柄にこだわらなくてもいいのです。

仕事とは本来、そういうもの。ひとり勝ちもないし、ひとり占めもできません。人を巻き込み、人と成果を分かち合うことでビジネスは大きくなっていきます。

そしてこれからは利益を分配するという発想が、ますます大事になってきます。金銭的なものだけでなく、満足や楽しみ、信用や信頼、評価といったものも利益です。

誰かひとりだけが、あるいは特定の企業だけが利益を上げたり、評価されたりするという状況は、一見、成功したように見えますが、その成功の継続はむつかしいでしょう。

情報を共有し、仕事を分担するなら、利益も同じように全体のものとして考えるべきです。

これまで日本の製造業では、下請けという仕組みを使ってものをつくってきました。

必要な部品を下請け企業が製造し、それを使ってメーカーは製品を完成させるのです。メーカーが必要な利益を先に確保するので、そのしわ寄せが下請け企業にいくという問題はこれまでずっと指摘されてきました。

でもこれからは、これまで一番利益が薄かった人たちを尊重するものづくりに変わっていくのではないかと思っています。ＳＤＧｓな発想ですね。

そうしないと本当にいいものをつくることができないし、持続可能ではないのです。

個人レベルであっても、そういう健全な社会性が求められるようになります。

利益だけでなく、楽しさも満足も、手柄も評価もすべて分け合う。それがこれからのチームワークには必要です。

そうやってこれまでの意識を切り替えていくことが、未来の競争力につながります。

情熱

当事者としての使命感。

ある企業の会議室で大きなプレゼンテーションを行った時のことです。

パワーポイントで資料をつくり、ひとりで何度もリハーサルをして、想定問答集まで用意して臨んだのですが、本題に入る前に、なぜこの企画をやりたいのか、その目的、その必要性、それによって社会がどう変わるのかを、一所懸命になって自分の言葉で語りました。

すると、その場にいた意思決定者は僕の資料をさっと見ただけで、「わかりました。あなたにお任せします」と企画を通してくださいました。とても稀なことですが。

その時はわからなかったのですが、あとになってわかったのは、人の心を動かすのは、企画内容よりも情熱だということです。

どんなに素晴らしい企画であっても熱意が感じられなければ、「この人に任せたい」という気持ちにはなりません。

それをつくり出す人やチームの熱意が伝わってこなければ、どんなに理論が成立していたとしても、その企画が成功する可能性は感じられません。

この時の僕は、言葉にはしませんでしたが、その案件について「死んでもやりたい、やらなければいけない」という熱意と使命感で胸はいっぱいでした。その気持ちを、何かを読むのではなく、自分の言葉で精一杯語ったことで、内容云々ではなく、その情熱が相手に十分伝わったのだと思います。仕事仲間として迎え入れられたのです。

新たな提案について、否定するポイントはないけれど、なぜかGOを出す気持ちにならない時は、ジャッジする人の直感でしかないのですが、その直感はおおむね正しいのです。

内容はあとからいくらでも修正できますが、熱意だけは他人がどうこうできるものではないのですから。

たとえば、逆にプレゼンテーションを受ける立場になることもあります。まずはじめに「どうしてこの企画を思いついたのですか？　その動機を聞かせてください」と質問すると、それにはきちんと答えられず、配った資料をもとに、早くプレゼンをスタートしようとするパターンがよくあります。

大切なのは、まず、その人がどのくらい情熱を持っているのか。

それによって一緒に仕事をしたいと思える人物なのかどうかなのです。

私たちは機械でもなくＡＩのようなコンピューターでもありませんから、相手との相性や関係性も重視します。

どんなプロジェクトも成功するか失敗するかは誰にもわかりませんが、大きな成功に導くのは仕組みや構造ではなく、理論でもなく、当事者である生身の人間がどれだけ強い情熱を持ち続けることができるかにかかっているからです。

プロジェクトにはトラブルがつきものですし、頓挫しそうになることもあります。

そのときに柔軟性を失わずに、強い情熱を持ち続けることができるのかどうか。最後のひとりになってもあきらめることなく取り組むことができるのかどうか。

そういう、いわば根性論に左右されると言っても過言ではないのです。

意思決定者は、その「情熱」の有無で判断するものです。

この企画をどうしてもかたちにしたい。

なぜなら、そこにはこういう背景があり、こういう問題があり、それを解決することはこれだけ大切であるという、紙に書いたものを読むのではなく、それを立案した本人の言葉＝熱意を聞きたいのです。

話が変わりますが、たとえば、社内の会議でも、意見を聞かれたら、黙っていないで、必ず発言したほうがよいに決まっています。

その場にいる者としての証明をするべきなのです。

たまに「特にありません」と答える人もいますが、せっかくのチャンスをそれで終わらせるのはもったいない。

役に立つ意見かどうかを気にする人もいますが、みんなが見ているのは、その人のその場における当事者意識と態度です。

つまり仕事への情熱があるかどうかなのです。

仕事とは、どんなことでも当事者のひとりとなって、失敗を恐れずに思い切り取り組めば、結果はどうあれ信頼されます。

しかし、とにかく遠慮する人が多いのです。

失敗したくないし、目立つのも嫌。他の人と足並みを揃えたい。ですから必死にならない。思い切りやらない。怒られることに敏感すぎて、怒られる前に萎縮するのです。

ここでもし思い切りやって怒られたとしたら、悪いことをしたからではなく、単に元気すぎただけですから、何も落ち込むことはありません。

むしろその状況を楽しめばいい。「やりすぎたかな?」と。

結局、人が見ているのは、企画の内容やその人の能力よりも、「この人は信頼できるのか」「情熱はあるのか」という点です。

仕事をしている時は、自分自身がいちプレイヤーであるという自覚を持つべきです。会社員であってもそう。

日本では長く新卒一括採用、年功序列の終身雇用という制度が続いてきましたが、少しずつ崩れ始めています。

外国人の採用も増えるでしょう。彼らは「目立ってはいけない」「怒られるのが怖い」というメンタリティは持っていません。

一人ひとりの役割がどんどん明確になりますから、「あなたは何ができますか?」と問われて「与えられた仕事をがんばりたい」と言っても通用しません。

自分の商品価値を自分でつくってアピールできる人でないと生き残れないのです。

ではどうすれば、情熱を持てるのか。自分を鼓舞できるのか。

もとになるのは、物事すべてに対する好奇心、そしてお客様に対するサービス精神ではないでしょうか。

これは一体どういうことだろう、という知らないことを知りたい気持ちと、自分の仕事で誰かを喜ばせたい、期待値を超えて楽しませたいと張り切ること。

特に仕事はサービス精神がないと成立しません。

趣味のように自分が満足して終わりではなく、いかに人を喜ばせることができるか、いかに人を感動させることができるか、そのために、どれだけお客様について自分が人一倍詳しくなれるのかにかかっています。

お客様と直接、関わりがない総務や経理の仕事であっても、喜んでくれるお客様の存在を意識できているかどうかで、仕事への当事者意識と取り組み方は大きく変わります。

その仕事をすることで、喜んでくれる人は誰でしょうか。

その人をもっと喜ばせるためには、どうすればいいでしょうか。

それによって世の中は、どんなふうによりよく変わっていくのか。
それを考えることができれば、情熱は持ち続けられるはずです。

第10章　成長の「いつも」

質問10

弥太郎さん、自分の人生って、もうこのまま終わるのかなと思って、気持ちがさみしくなりますが、どうしたらよいでしょうか？

答え

いくつになっても、自分を信じて、何かひとつでも変えてみる。そうすれば、止まっていた成長が動き始めます。

成長する、成長したい、そのためには楽しむこと。

仕事でも暮らしにおいても、意識的に楽しむことです。

楽しもうと思うと、そのために知識を増やしたり、工夫をしたり、その何かを深掘りしたりする自分がいます。

その深掘りという姿勢が成長につながるのです。

あえて聞きます、あなたは今、何を深掘りしていますか?

料理でもいいし、目の前の仕事でもいい。

小さなことでも深掘りをして、いろいろなことを知れば知るほど、どんどんと新しいアイデアが生まれてくるでしょう。そのアイデアがあればどんなことも楽しめるのです。

成長戦略というには稚拙かもしれませんが、僕にも成長するための心がけがあります。

逃げない。避けない。否定しない。

この三つです。

つまり、どんな無理難題にも逃げないで対処して、どんなに苦手なことでも避けないで受け止める。そして起きたことを否定しない。

この三つを大切にしています。

そうやって自分に少しの負荷（がんばり）をかけることで、結果として、いつもハラハラしながら立ち回りますが、先に言ったように、深掘るという楽しみと共にあるので、いつの間にか、物事に詳しくなって、ぐんぐん成長していく自分がいます。

人はいくつになっても成長できます。自分を変えることはできます。

しかし、その時はまわりの人間関係や環境も、同時に変わることを恐れてはいけません。

成長をしているあなたはきっと孤独を感じるでしょう。しかし、成長して新しいステージに立てば、これまでと違った新しい人間関係と環境がそこにはあります。

新しい自分を迎え入れてくれる世界があるのです。

変わりたくない、成長しなくてもいい、という気持ちは、きっと今の人間関係や環境を変えたくないという、無意識に近い意識が働くからです。

しかし、僕はあえて問います。

では、一生そのままでいいのですか？　それで人生を終えてしまってもいいのですか？　と。

成長＝変わるということは、何かを失うことではないのです。

夢中になる

自分事という決意が仕事を楽しくさせる。

仕事で疲れるのは、自分のコミットメントが浅いからではないか、そう思うことがあります。

コミットメントとは、約束、責任、関係性を意味しています。

どこか冷めた気持ちでその仕事に向き合っているから、疲れを感じるのではないかなと。すなわち、楽しめていないから疲れる。

仕事というのは、没頭し、夢中になっていると疲れを感じません。

ですので、仕事が楽しめていないと感じる時は、自分のコミットメントが浅く、まだその仕事を他人事のようにしか思っていないと反省をします。

深いコミットメントをし、夢中になるためには、その仕事や取り組みに対して、他人事というお手伝い感覚ではなく、自分事として受け入れて、関わる覚悟もしくは約束をしなければいけません。

「今の仕事は、没頭できるような仕事ではないから無理です」
「仕事はお金を稼ぐためと割り切っているから、ストレスを感じない代わりにわくわくも感じません」

そう考える人たちは、「世の中のどこかには、自分が夢中になれる仕事があるはずだ。いつかきっと出会える」と思っているのではないでしょうか。

それは幻想です。

厳しい言い方になりますが、そう考えるあなたはすでに思考停止していはます。

仕事の楽しさやおもしろさは、誰かに与えられるものではないのです。

自分で工夫し、自分でつくり出すものです。

自慢できるような仕事でなくても、夢中になって取り組めば、必ずそこには成長というかけがえのない結果が待っています。

どんな仕事でも、覚悟を決めてコミットメントして、自分事にしてしまえばいい。

そうすれば、夢中になれるはず。

ちなみに「夢中」はラッキーを呼び込むための最高の魔法です。

これからも僕は、もしあなたが野心を持つなら、夢を持つなら、なりたい自分になるなら、「夢中になろう」と言い続けたい。

考える

なんでも調べる人になってはいけない。

検索データから得られるのは、その多くは誰かが調べた二次情報、三次情報というように、正しい事実から遠く離れたものばかりです。

コンピューターテクノロジーと人間は、キャパシティがまるで違うことを心に留めておきましょう。

人間は膨大な情報を処理する能力はないので、検索して出てくる情報を精査し、すべて理解することはまず不可能です。

そしてわからないことが出てくるたびに検索をしていくと、次から次へとわからないことが出てきて、求めていた答えからどんどんと遠のいていきます。

そうやって人は、かんたんに検索データの沼にはまります。

そのうち、「まずは自分で考える」ということを放棄して、「調べる＝検索する」ことに依存していくのです。

検索データという情報をどこまで利用して、どこから自分で考えるのか。

仕事では、特にそこをはっきりさせておくことが必要です。

基本的な姿勢としては、いつも「まずは自分で考える」ことです。

どんなにむつかしいことでも、まずは自分で考える。

わからなければ、自分で本や資料を調べて、そこでたどりついたヒントをあらゆる方法でたしかめて、答えを導き出す。

答えにたどりつかなければ、新たな問いを立てて、また、そこから考えていく。

そういうプロセスは時間も労力も手間もかかりますが、そこで得られる経験なり知識や気づきはプライスレスな価値に満ちています。

自分で考える人から、なんでも調べる人に自分が退化していかないように。一度、退化してしまうと、もとに戻るのは本当に大変です。

子どものように

どんどんと子どもになっていきたい。

人は大人になるにつれ遊び方を忘れます。

夢中になれることがなかったり、何をしていても、損得を考え、仕事のことが気になったり。

時間やお金の心配をしてしまうこともあります。

僕は元プロ野球選手のイチローさんを心から尊敬しています。すてきな大人とは、まさにこういう人をいうのだと感心しています。

イチローさんは、いつも何かにチャレンジしていて、どんなことでも無邪気に楽しんでいます。

引退をしても、老いることなく、えばることなく、目を輝かせて、どんどん少年化しているようです。本当にすてきです。

仕事も遊びだと思えば楽しくなります。

遊び半分でやるというのではなく、きっともっと楽しめる方法や考えがあるだろう、という自由な発想になってやるということです。

たとえば、懸命に考えたアイデアを、否定された時や指摘された時に、「自分はまだまだ力が足りない。もうダメだ」と落ち込むのか、ゲームのように考えて「今日は負けたな」「敗因はなんだろう?」と研究し直して、意気揚々と次のチャンスに臨むのか。

何も知らない子どものように疑問を抱いたり、できるできないを考えずに発想したりする。

まわりの目を気にせずに、いいと思ったことをいいと言う。
無邪気に楽しんだり、悲しんだり、感動したりする。
上下関係に縛られずに人と仲良くつきあう。
どんなことでも素直に取り入れてチャレンジしてみる。
人と比べずに自分には絶対にできると信じる。

こんなふうに、賢さという邪気を捨てて、無邪気になることです。
無邪気な子どものように成長しましょう。

宣言する

言葉にはちからがあります。

世の中に向かって大声で言う必要はありませんが、自分の夢や目標、約束ごとなどを、しっかりと言葉で宣言することで、不思議なちからが湧いて、その物事のスタートを後押ししてくれます。

「宣言すると縛られる」「責任が重くなる」と考える人もいます。

たしかにそれはプレッシャーにもなるでしょう。


けれども、どんな仕事にも約束がつきものです。

「この資料を今週中に仕上げてください」「一年でこれだけの成果を上げてください」と言われて「はい、わかりました」と答えると、その状況を支配しているのは指示を出した側になります。

「大丈夫だろうか？」と思っても言い出せなくなります。

自分から宣言していない分、責任の所在もあいまいになります。自分はただやらされているだけと感じることもあるでしょう。

要するに、約束とは与えられると、苦しくなりやすいのです。約束は常に先手を打つ。


約束をたしかなものとするために宣言をする。

約束を忘れないために宣言をして、自分の頭に刻み込む。

自分から宣言することのいい点は、モチベーションが高まること。プレッシャーにもなりますが、それを果たすためにはどうすればいいのか、ものすごく頭が働きますから、間違いなくクオリティも上がります。

「でもそれがうまくいかなかったらどうしますか?」「かっこいいことを言っておいて、と笑われないでしょうか」と心配する人もいるでしょう。

もちろんうまくいくとは限りません。

けれども、宣言したことによって、精一杯の努力をするに違いありません。そのことはまわりの人はきっと見ています。あなたの取り組みを認めています。失敗や目標未達についてあれこれ言う人はいないでしょう。

もし思うような成果を上げることができなくても、「はい、次」です。

たいていのことは勝率でいうと三割くらい。組織で仕事をしていると、状況の変化や様々な事情があり、自分ひとりの力ではどうにもならないことがあります。ホームランなんて滅多に打てないのです。

それでもどれだけ真剣に取り組んだのかは、わかる人にはわかりますから

それで十分。

結果がどうであれ「自分から宣言した」ことで、相手はものすごく大きなインパクトを受けています。そんな人はほとんどいないから。うまくいかなかったことよりも、宣言したことによって強く記憶に残ります。それが、自分の未来への大きな種まきにもなるのです。


もし成長したいと思うなら、自分から宣言する。

そうすれば、自分の殻を破ることができます。


もうひとつ、宣言と同様のおすすめがあります。

それは自分から手を挙げることです。


開発の仕事がしたい。ディレクターになりたい。プロジェクトマネージャーをやりたい。

そういう時は、自分から手を挙げて「やらせてください」と意思を示します。

多少の見切り発車でもいいでしょう。経験を待っていたら、いつまでたってもやりたい仕事には就けません。

これまで見てきた中で、やりたい仕事に就いた人は全員、自分から「やりたい」と手を挙げていました。

任せる側が「やる気があって、しっかりとヴィジョンを提示できる人」と「受け身でまったくやる気を示さない人」と、どちらにやってもらいたいかは聞くまでもないでしょう。

いつか誰かが自分を認めてくれる、ということはありません。

「誰か自分を推薦してくれないか」と受け身の態勢でいる間は、チャンスは巡ってこないし、なりたいものにはなれないのです。

最後に、宣言の根拠、もしくは下支えするものは何か。

それは、実現や結果のイメージが具体的にしっかりと見えていること。これに尽きます。

さて、今、自分が宣言すべきことは何でしょうか。

続ける

時間が解決してくれるのを、忍耐強く待つこと。

どんなことでも途中でやめたくなる時はあります。

時には撤退も重要な戦略です。

投資の世界において、損切りは大きな損失を受けないために身を守る、たったひとつの方法とも言われています。

しかし、投資でもっとも負けない秘訣に、「続ける」という長期保有があることはご存じでしょうか。


続けることで、取り組みは足し算ではなく、掛け算＝複利になります。よって大きく成長します。人間関係も仕事も、日常の行動もそうです。


誰しもやめたくなることはあります。特に仕事はそうですね。いつだって苦労や困難、不安がつきものだからです。人間関係の問題もあるでしょう。

しかし、やめることはいつでもできますから、今でなくてもいい。やめたい理由が感情的なことであればなおさらです。

まだできることがあるかもしれません。状況が変わることだってあります。

もちろん、仕事をやめることがいけないわけではないのです。

チャンス到来で、やりたい仕事が見つかったならすぐに転職をして、その仕事に就きましょう。迷うことはありません。

過剰なストレスによって苦しい時は、早めにやめる判断も必要でしょう。


時にはやめることで責任を取るという決断もあるでしょう。

大きなミスをしてしまった時や思うような成果が上がらなかった時に「やめよう」と。

しかし、本人がそれくらい追い詰められている時でも、意外と周囲はそこまで考えていないことが多いのです。

すごく深刻になって「やめるしかない」と落ち込んでいても、周囲は「もともとむつかしいと思っていた」「あの状況でがんばったほうだよ」と評価していることもあります。誰もそこまで口にしないだけです。


落ち込んだ時は楽観的な視点を持ちましょう。

自分を追い込みすぎないことも続ける秘訣のひとつです。実は「やめたい病」に取りつかれているだけの時も多いのです。

一番心配なのは、何かあるたびに、やめることが癖になってしまうことです。それによって自信も失ってしまうのです。

「流れに身を委ねる」とは、時間を味方につけるということ。

いろいろと理由はあっても、自分の代わりに時間が解決してくれることがたくさんあります。

忍耐がもたらすラッキーもあるのです。

投資の神様と言われるウォーレン・バフェットは「投資の利益は、忍耐がもたらす報酬である」と述べています。

第11章 明日のための「いつも」

質問11
弥太郎さん、将来が不安です。どうしたらいいでしょうか？

答え
これから先の目標を一〇年区切りで書き出してみるといいですよ。そのための今日を大切にしましょう。

どんな時代になろうとも、未来に希望を抱き、未来を愛したいと思っています。

明日はきっとよくなる。そう信じて生きていく。

僕は、今日この瞬間、すべてが未来のためと考えます。食べること、働くこと、考えることなど、今日のすべてが自分の未来をつくるのです。

もし、今日の自分が心からしあわせを感じるならば、それはいつかの自分の結果なのです。いつかの自分をほめてあげてよいでしょう。

もし今日の自分が苦しんでいるなら、いつかの自分をしっかりと反省しましょう。

今日という一日は、たった一日かもしれませんが、その一日が積み重なったものが、未来そのものなのです。

今日、何を考えるのか。

今日、何を思うのか。

今日、何をどんなふうに食べるのか。

今日、何をどんなふうに話すのか。

今日、何を変えるのか。

今日、何を育てるのか。

今日、何を悲しむのか。

今日、何を楽しむのか。

今日、何を乗り越えるのか。

今日、何を耐えるのか。

今日、何に感謝するのか。

今日、何を愛するのか。

すべて、明日という未来、そして未来という希望のためのこと。
今日の自分の答えは、必ず未来にはっきりと現れるのです。

捨てる

足るを知ること。

両手に持てるものは限られています。ものだけでなく、情報や知識、そして人間関係もそうです。

そういった目に見えないものは、自分がどれくらい持っているかわからないので、知らない間に増えています。

なんでもかんでも、持っているものは多いほうが豊かだったり、人より優れていると思いがちですね。

人は、ものがたくさんあると、安心を感じるのはなぜでしょう。

いろいろなものを持ちすぎていませんか？

たいていのものはなくても、実はそれほど困りません。もし必要な時が来れば、その時考えればいいのです。

それよりも大切なのは、あらゆるものに関して、自分がどのくらいの量を持てるのかという、自分のキャパシティを知ることではないでしょうか。

ものだけでなく情報についても同じ。旅行の計画を立てる時、調べれば調べるほど情報が出てきます。ホテルひとつとっても何軒もが候補に上がり、なかなか選ぶことができず調べ疲れしてしまうことがあるのではないでしょうか。

「もっといいホテルがあるのではないか」

「もっとお得なプランがあるのではないか」

そういう「もっと欲」に取りつかれてしまうと、いつも不満足な自分になってしまい、喜びも感謝もできなくなってしまいます。

人間関係も同様です。SNSの影響もあって人とつながりやすくなりましたが、本当に信頼し合える関係はそれほど多くはありません。「知り合い」ばかりが増えて、気遣いとやり取りに時間を取られるだけで、関係が深まっているとは言えないのです。

時には思い出ですら、足かせになることがあります。いい思い出ばかりではなく、忘れてもいい思い出もあるはずです。

記憶は思い出すたびに強化されますから、つらい記憶がよみがえってくるたびに当時の感情を味わうことになります。

「もう忘れよう」と、自分で意識して切り替えないと、いつまでたっても苦しみは消えません。むしろ負の感情が湧き、執着が増します。

ものであれ情報であれ、持ちすぎないこと。自分を車とたとえれば、どう考えてみても運べる荷物は限りがあります。

新しい知識をもっと増やしたいと思いますが、それですら増やしすぎると、膨大な荷物で重たくなって、きっと自分という車の動きは遅くなっていくでしょう。ブレーキの効きも悪くなるでしょう。

荷重制限を超えた車で走れば、故障もするでしょうし、事故の恐れもあるのです。

とはいうものの、日々の暮らしや仕事の営みにおいて、目に見えるものも見えないものも、無意識的にどんどんと増えていきます。

生きている以上、そういったインプットの遮断はほぼ不可能だからです。

ですので、つねに捨てられるものは捨てること。忘れられることは忘れること。人に渡せるものは渡すことを大切にしています。

日々「これは必要なのか?」とチェックしましょう。

捨てることの本質は、その精神性にあります。

自分に必要な物量を見極める。余計なものを持ち続けない。

「いつか使う」「いつか使えるかも」とは考えない。捨てることが失敗とか損だと思わない。

その思考が心を整えます。

必要なのは、自分は何を捨て、何を持ち続けるのか、この基準を持つことです。

僕が唯一捨てられないのは、人からいただいた手紙です。手紙に込められた、その人の想いは、とてもありがたいものだから、宝ものにしています。

自分という容れ物がいっぱいになったら、それ以上は入りません。

無理に詰め込むことで、本当に大切なものがどこにあるのか、わからなくなるかもしれません。

明日、何かを受け取るためには、今日、何かを捨てないといけないのです。

お金と時間

自分が心から感動することに。

私たちがもっとも理解すべきことは、「お金と時間」についてです。いかにお金と時間と仲良くしていくかは、人生の一大テーマですね。

お金はそれ自体にはなんの価値もありません。お金が価値を生むのは使う時だけです。使うということは、お金と何かを交換するということです。

であれば、自分はお金を何と交換するのか。

当然ながら自分にとって価値のあるものと交換したいですね。たとえば、一万円を使って、二万円の価値と交換したい。しかし、ここでの一万円の差額の多くは付加価値であり、交換して手に入れたものに「時間」が加わることで、価値が生まれるものなのです。

単純な説明ですが、一万円で一冊の本を買ったとします。

その本をさらっと三日で読んで、ああ、なるほどと思うか、一ヶ月かけて、よく味わうように思索をしながら少しずつ読んで楽しむのか、おのずと価値は違ってきますね。

時間の使い方によって価値が変わるということです。

暮らしと仕事において、消耗品は別として、いいお金の使い方をじっくりと続けていくこと。

そして、いい時間の使い方をじっくりと続けていくこと。

それぞれのいい使い方とは何かを、自分なりのポリシーとして持つことをおすすめします。その目安は損得ではありません。

僕のポリシーはシンプルです。

お金も時間も、感動することに使う。

ここで大事なのは、欲しいものではなく、感動すると思えることに使うこと。たったこれだけです。

他人にとってどうであれ、心から感動し、楽しいなあと思えることに、どんどんお金と時間を使いたい。

感動の先には、いろいろなことを知ったり、学んだりという、プライスレスな体験があります。かけがえのない出会いもあるでしょう。
そのために大切なお金と時間を使うのです。

ですので、いつも、とびきり感動することを探しているのです。
そのために、お金と時間は惜しまずに使うのです。

育てる

枯れないように水と栄養を与えよう。

大人になった今、あなたは何かを育てていますか？

心もからだも、人間関係もキャリアも、植物に水をやるように、すべて自分で育てるものです。

誰かが育ててくれるだろう、勝手に育つだろう、なんて思ってはいけません。自分のことは自分でしか育てることはできないのです。

いくつになっても自分を育てること。

当たり前のようで、意外と意識できないことです。歳をとれば老いていくのが当然ですが、それでも育てることをやめてはいけません。


人は一生育ち続ける。僕はそう思っています。

ですから、植物のように、水や栄養を与えて、時には日陰で休ませたり、余分な枝葉を取り除くようにしながら育てていく。

自分を放置して枯らしてはいけません。


自分だけでなく、他人や社会にも同じように、「育てる」という意識を持つと、物事の見方が変わり、不思議と心が寛容になるのがわかります。

それは上から目線になるということでなく、どんなことにも無関心ではなくなり、すべて自分に関係があるものとして、愛情に近い感情が生まれるのです。


誰かに対して「こんなこともできないのか」と腹だたしく思うのではなく、「こうすれば、きっとできるようになるだろう」と寄り添ったり、「なぜこんなに不便な仕組みなのか」と憤るのではなく、「この仕組みを変えるには、こんなふうに改善していきたい」と考えてみたり。

枯れそうな自分がいたら育て直す。時には土の入れ替えも必要でしょう。枯れそうな人がいたら水や栄養を与えましょう。社会全体が枯れないために何ができるかを考えましょう。何事も状態をよく見て、手をかけてあげましょう。

もう一度聞きます。今、あなたは何かを育てていますか？

ヴィジョン　なんのためのエンヤコラなのか。

ヴィジョンというと大げさなようですが、自分が生きていくための理念を考えることはとても大切なように思います。

理念という言葉もむつかしそうですが、もしかしたら方針やコンセプトと言い換えても良いかもしれません。

シンプルに言えば、どうやって生きていくのか。これです。

何かあった時に自分の底力になるような言葉ですね。

人生には苦労がつきものです。時には迷いもあります。そんな苦労や迷いに立ち向かうために、自分なりのヴィジョンを持つと良いでしょう。

自分のヴィジョンは一体なんだろう、と考えることに意味があります。

それは自分を見つめることでもあり、自分自身の価値観をたしかめることでもあります。

いわば、自分がもっとも大切にしていることと向き合うことです。

「父ちゃんのためなら　エンヤコラ　母ちゃんのためなら　エンヤコラ　もひとつおまけに　エンヤコラ」という歌詞があります。

これは僕の大好きな「ヨイトマケの唄」ですが、「家族のしあわせのためにがんばろう」という立派なヴィジョンを歌ったものです。

お金が大切と思う人がいれば、家族が大切と思う人もいるでしょうし、世の中を少しでも良くしていくことが大切、と思う人もいるようにヴィジョンは様々で、人それぞれで良いのです。

そしてまた、自分の年齢によってもヴィジョンは変わるものです。いや、変えるべきことです。

これまではこういうヴィジョンだったけれど、これからはこういうヴィジョンで生きていくというように。

できれば、一年に一度、ヴィジョンをたしかめる。

そして、そのヴィジョンの実現のために何をすべきかを考え、実行する。

仕事や住むところが変われば、ヴィジョンも変わるでしょう。

家族が増えた時も変わります。

仕事優先で生きてきた人が歳を取れば、これからは「健康第一」で生きていこうと思うかもしれません。

ヴィジョンは自分にとってのお守りです。
一年に一度、お守りを変えるように、ヴィジョンもいつも新しくしていきましょう。

信じる

自分を救うのは自分でしかありません。

自信を失うような出来事があった時、どうやって自分を立ち上がらせるか。結果的に一番強い力になるのは、自分を信じることです。自分を信じる気持ちが自分を救います。これしかありません。まわりの人全員から「もうダメだ」と言われても、自分だけは自分をダメと思わない。絶対に大丈夫と信じて、その苦難を乗り越える。

振り返れば、二〇代、三〇代の頃は根拠のない自信がありました。今になって思うのは、当時は自己分析ができていなくて自分のことがわかっていなかったから、それほど深刻にならずにすんだのです。自然と何とかなるだろうと思えました。

今はあの頃ほど無邪気ではありません。自分の能力もよくわかっています。それだけに自分自身の無力さを突きつけられるような出来事があった時の落ち込みようは、まさに絶望といってもいいくらい深刻なもの。完膚なきまでに打ちのめされてしまうのです。

そこからもう一度、自信を取り戻すのはかんたんなことではありません。数ヶ月かかることもあります。

もう一度、自分を肯定できるようになるまでにはそれくらい時間がかかるものです。

もちろん日常生活はいつも通りで、仕事をしたり、友人と会ったりしています。

けれども、ふとした瞬間にフラッシュバックがやってきて「自分はもうダメなんじゃないか」と思うのです。

それはすごく苦しいこと。とはいえ、すべてを放り投げるわけにはいきません。

その最後の砦となるのが自分を信じることです。ギリギリまで追い込まれてなお、何か手はあるはずだと僕は自分を信じます。

そしてどうするか。

言葉を探します。見つかった瞬間に、パッと自分のネガティブな気持ちが切り替わるような言葉があるのです。

誰かが言った言葉ではなく、本に書いてあった言葉でもなく、自分の内面から湧き上がってきた言葉でないと心は動きません。

ある時、僕を立ち上がらせたのは「何があっても大丈夫」という言葉でした。

入浴中にふとこの言葉を思いついたのです。

するとその瞬間にやっと、心が切り替わりました。

「もう大丈夫だ」

「気にしなくていい」

「もう一度自分を信じよう」

これはその時の僕が一番、求めていた言葉だったのでしょう。

「何があっても大丈夫」


大事なのは、自分の内側から湧き上がってきた言葉だということ。
二、三ヶ月くらいの間、「もうダメだ」という気持ちに負けそうになりながら、ずっと自分を信じて向き合い続けて出てきた言葉なので、それくらい自分を支えてくれるものはありません。

この時もこの言葉を思いついた瞬間に力が湧いてきました。

別の時に思いついたのは「新しいことを考えよう」でした。

「あれは失敗だったんだよ」

「仕方がないだろう」

「次に行こう」


むつかしい言葉でなくていい。かっこいい言葉でなくていい。

わずかこれだけの言葉に、その時、その時の自分を救済するものが凝縮しているのです。

僕はそうやって思いついた言葉を心のポケットに入れて、事あるごとに取り出しては確認します。

そうやって幾度となく心の危機を乗り越えてきました。

つくづく人間は、言葉によって守られているのだと思います。

言葉によって傷つくこともあるけれど、人を立ち上がらせてくれるのも言葉なのです。

ひどい失敗をして木っ端みじんになってしまったとしても、決して自分を見捨てずに信じることで、再び立ち上がることができます。

信じることこそ、一番の力です。これからも、いつも自分を信じましょう。

自分を信じる限り、必ず自分は自分で答えを出していくことができます。

松浦弥太郎
まつうら・やたろう
1965年生まれ。
エッセイスト、クリエイティブディレクター。
会社役員、「くらしのきほん」主宰。
18歳で渡米、アメリカの書店文化に惹かれ、
オールドマガジン専門店「m&co. booksellers」を開業。
2003年にセレクトブック書店「COW BOOKS」をオープン。
2005年から『暮しの手帖』編集長を9年間務める。
著書に『新100のきほん　松浦弥太郎のベーシックノート』
（マガジンハウス）、
『考え方のコツ』（朝日新聞出版）などがある。

松浦弥太郎の「いつも」
安心をつくる55の習慣

2023年２月７日　初　　　版
2024年10月16日　初版第４刷

著　者　松浦弥太郎
発行者　菅沼博道
発行所　株式会社CCCメディアハウス
〒141-8205　東京都品川区上大崎3丁目1番1号
電話　049-293-9553（販売）　03-5436-5735（編集）
http://books.cccmh.co.jp

執筆協力　今泉愛子
ブックデザイン　櫻井久（櫻井事務所）
装画　飯田淳
DTP　畑山栄美子（有限会社エムアンドケイ）
校正　株式会社ぷれす
印刷・製本　株式会社新藤慶昌堂

ISBN 978-4-484-22219-6